DAS FRÜHLINGSLESEBUCH

*Geschichten
für laue Frühlingsabende*

Herausgegeben von
Patrick Niemeyer

WILHELM HEYNE VERLAG
MÜNCHEN

HEYNE ALLGEMEINE REIHE
Nr. 01/13404

Originalausgabe 02/02
Copyright © 2002 by
Wilhelm Heyne Verlag GmbH & Co. KG, München
Copyright © der Einzelrechte s. Quellenverzeichnis
Printed in Germany 2002
Umschlagillustration:
Premium Stock Photography/P. Krogh/National Geographic
Umschlaggestaltung: Nele Schütz Design, München
Satz: Buch-Werkstatt GmbH, Bad Aibling
Druck und Bindung: Elsnerdruck, Berlin

ISBN 3-453-19574-4

http://www.heyne.de

Inhalt

Zurück

Etwas Unzulänglicheres als den Frühling gibt es nicht: er ist nicht wie der blätterreiche, heiße Sommer, nicht wie der kalte, kahle Winter, er liegt zwischen beiden, ist einmal warm, einmal kalt, einmal karg, einmal blühend und deshalb verstärkt sich im Frühling meine Gereiztheit gegen alles, was unzulänglich ist, oder, mit einem Wort, gegen die ganze Welt. Dann erscheint mir die Welt als ein riesiger Entwurf zu etwas, das dann nicht verwirklicht wurde; ein Versuch, dem noch viele andere hätten folgen müssen, was jedoch unerklärlicherweise unterblieb: Und ständig frage ich mich ungeduldig: »Wenn ich nur wüßte, warum alles so schandmäßig gemacht ist, wenn ich's nur wüßte.«

Heute morgen spürte ich gleich, daß dies wieder einmal ein Tag war, an dem ich mich gegen die Unzulänglichkeit der Welt auflehnen würde. Ich merkte es an meinem Widerwillen, unser Bett zu verlassen, in dem ich mit meiner Frau schlafe, und die Dunkelheit, die ich mit Hilfe eines komplizierten Systems von Vorhängen im Zimmer geschaffen habe. In dieser Dunkelheit lag ich mit weit offenen Augen auf dem Rücken und sagte mir: »Steh auf!« Aber ich rührte mich nicht.

Vor meinem geistigen Auge sah ich schon alles, was ich beim Aufstehen erblicken würde, wenn ich diese Dunkelheit verließe, in der ich mich im Bett räkelte; und ich schauderte vor Widerwillen. Schließlich warf ich mich unter Aufbietung aller Kräfte aus dem Bett, zog mich an, so gut es ging, und tastete mich zur Tür. Aus dem Dunkel kam die verschlafene Stimme meiner Frau: »Denk dran, den Hund hinauszulassen!«

Ich antwortete nicht, öffnete die Tür, und der Hund, der winselnd vor Ungeduld auf mich gewartet hatte, sprang an mir hoch. Dieser Hund ist, wenn man an richtige Hunde denkt, eine Ausgeburt an Unzulänglichkeit: dick, kurz, stämmig, mit krummen, kurzen Beinen und einem großen, rosigen, mit schmutzigweißen und polentagelben Flecken geschecktem Kopf. Ich hing ihn an die Leine und ging durchs Wohnzimmer. Rauchige Morgenluft drang durch die weitgeöffneten Fenster herein. Zwischen zusammengerollten Teppichen und umgedrehten Sesseln kniete Onorina, das Hausmädchen, auf dem Boden und putzte; ihr Hinterteil war in die Luft gereckt und ihr Gesicht am Boden. Sie sagte: »Guten Morgen«, und ich antwortete mit einem undeutlichen Grunzen, weil mich ihre Angewohnheit, auf den Knien herumzurutschen, reizte. Eine unzulängliche Art, zu arbeiten, um es klar zu sagen. Aber wie hätte sie es sonst machen sollen, fragte ich mich, ohne eine Antwort zu finden. Auf keinen Fall aber so.

Kaum auf der Straße, sah ich hinauf und wußte, daß heute ein schrecklicher Tag war. Zwei Drittel des Himmels waren mit dichtem, schwarzem, grauem und weißem Gewölk verhangen, das aufgebläht und gewittrig dahinstürmte wie der dunkle Rauch eines Brandes; der Rest war azur, aber nicht rein und intensiv, sondern das war ein verschleiertes, unklares Blau, wie die Farbe eines durch den grauen Star getrübten himmelblauen Auges, und die feuchte, windige, nervöse Luft umwehte mit tausend widerwärtigen Liebkosungen die mit blauschwarzen Knospenpusteln übersäten Äste, die sich aus den grauen Stämmen der Platanen in die Höhe reckten.

Stückwerk, alles Stückwerk.

Um all das nicht zu sehen, schaute ich zu Boden, aber Gereiztheit packte mich von neuem, als ich den vor mir herlaufenden Bastard ansah, der an den Ecksteinen schnupperte. Vielleicht hatte er meinen Blick gespürt, jedenfalls drehte er sich um, sah mich mit geradezu menschlichen Augen an, ich meine, mit unvollkommenen Augen, in Anbetracht dessen, daß er ein Hund ist. Rauh sagte ich: »Los, mach dein Geschäft!« Und er hob folgsam sein Bein. Aber auch das reizte mich, fast genauso, wie mich kurz vorher die auf dem Boden kauernde Onorina gereizt hatte. Ich wußte nicht, wie der Hund es hätte machen sollen; aber bestimmt nicht mit einer so schwierigen und unbeschreiblich ungeschickten Bewegung, die meist so aussah, als wäre sie nur der mißlungene Versuch einer anderen, richtigen und angemesseneren Bewegung.

Dann ging ich durch die Straßen, sah mich um und stellte mit wachsendem Zorn fest, daß alles anders war, als es hätte sein sollen – obwohl ich dann merkte, daß es mir unmöglich war, zu sagen, wie es hätte sein sollen. Die Farben der Häuser, beispielsweise, die nicht weiß waren, nicht gelb, nicht grau, nicht rot und nicht braun, sondern die von allen diesen Farben etwas hatten. Ich sagte mir: »Diese Verwaschenheit der Farben kommt natürlich vom Wetter, kommt daher, daß die Fassaden zu verschiedenen Zeiten gestrichen wurden, kommt von der verschiedenen Qualität der Farben …« Trotzdem war ich maßlos unzufrieden und hätte am liebsten gerufen: »Warum, um Himmels willen, sind die Häuser nicht alle rot oder grau, warum?«

Ich überquerte die Straße und ging in den Zigarettenladen, um mir das erste Päckchen des Tages zu kaufen. Der Hund kam geduckt hinter mir her. Ich verlangte die Zigaretten, sah dann den Verkäufer an und konnte mich nicht enthalten, zu sagen: »Wissen Sie, daß Ihre Nase …«

Der dicke, behaarte, grobschlächtige, brutal wirkende Tabakhändler antwortete ziemlich scharf: »Na, was ist mit meiner Nase?«

Ich verbesserte mich: »Entschuldigung, Sie haben einen schwarzen Fleck auf der Nase.«

Er nahm sein Taschentuch heraus und wischte sich mit einem gemurrten »Danke« über die Nase, allerdings nicht sehr überzeugt. Und er hatte recht, denn ich war drauf und dran gewesen, ihn zu fragen: »Na, Sie, Ihre Nase sitzt ja schief im Gesicht, wie haben Sie denn das gemacht?«

Ich ging aus dem Laden, zündete eine Zigarette an und atmete den ersten Zug ein, merkte aber schon wieder, daß etwas nicht stimmte. Ja, es war der Rauch, der nicht so war, wie er sein sollte, nämlich wohltuend, köstlich, aromatisch, anregend; statt dessen war er höchstens mittelmäßig, nicht gut und nicht gerade schlecht, ähnlich wie alles andere: ein mißratener Versuch. Ich hustete, zog eine Grimasse, warf die Zigarette weg, in der entschiedenen Absicht, mit ihr ins Zentrum einer kleinen Pfütze zu treffen, aber das gelang mir natürlich nicht: dann sah ich auf. Ach du lieber Himmel, auf der Straße stürzten mir plötzlich Schwärme von Gesichtern entgegen; sie erinnerten mich an Getreidekörner, die aus einer Dreschmaschine gespuckt werden: es waren die Angestellten des Ministeriums, das sich nicht weit von meiner Wohnung befand. Ich stellte fest, daß ich zu manchem von ihnen, wie vorher zu dem Zigarettenhändler, hätte sagen können: »Na, aber Ihre Nase, aber Ihre Ohren, aber Ihr Mund, aber Ihre Augen, merken Sie denn nicht, daß sie gar nicht, aber auch absolut nicht so sind, wie sie sein sollten?« Der Gesichterhagel dauerte ein paar Minuten, ich blieb mitten auf dem Gehsteig stehen, während die eilige Menge mich umbrandete. Zum Glück leerte der Gehsteig sich schließlich wieder und ich wandte mich, nicht ohne Hoffnung, dem Zeitungskiosk zu.

»Nicht ohne Hoffnung« – um das zu verstehen, muß man wissen, daß in den vergangenen Tagen in meinem Viertel ein Verbrechen verübt worden war, nur zwei Häuser von mir entfernt: Ein junges Ehepaar war mit einem »stumpfen Gegenstand« getötet worden, der Mörder war unerkannt entkommen. Ja, das völlige Fehlen einer Spur und eines Motivs ließ an ein perfektes Verbrechen denken. Ich gestehe, daß mich der Gedanke, es könnte endlich einmal etwas Perfektes zustande gekommen sein, und sei es auch nur ein Verbrechen, faszinierte. Man verstehe mich nicht falsch: Ich billigte durchaus nicht, daß diese armen jungen Leute, die ich, nebenbei, einige Male auf der Straße gesehen zu haben glaube, so barbarisch und erbarmungslos ermordet wurden; der Gedanke aber, daß es bei der allgemeinen Tendenz der Menschheit zu Leichtfertigkeit und Unfähigkeit jemanden gäbe, der etwas vollkommen richtig und fehlerlos gemacht hätte, mißfiel mir nicht.

Kaum öffnete ich aber die Zeitung, wurde ich durch eine große, fette Schlagzeile enttäuscht: »Kein perfektes Verbrechen! Es war der Laufbursche des Milchmanns.« Ich überlegte, daß ich mich nun zum Trost an die Perfektion halten könnte, mit der die Polizei gearbeitet hatte, die auch in der Tat von der Zeitung sehr gerühmt wurde. Aber dann sagte ich mir, durchaus nicht getröstet: Wer konnte schon wissen, ob diese Arbeit wirklich so gut gewesen war, das heißt, ob der Laufbursche tatsächlich schuldig und ob seine Schuld auch unwiderlegbar bewiesen war und ob es sich dabei auch um eine wirkliche Schuld handelte oder ob vielleicht etwas ganz anderes die eigentliche Schuld trug, und so weiter. Alles war nun wieder unsicher für mich, verschwommen und unbestimmt, kurz, ein Pfuschwerk an Unzulänglichkeit.

Eine weitere Überschrift gab mir den Rest: »Flugzeugabsturz bei Paris, achtzig Tote – Motorschaden oder menschliches Versagen?« Tief verdrossen dachte ich: »Es dürfen einfach keine Motorschäden passieren! Und derartiges menschliches Versagen darf nicht vorkommen, zum Teufel noch einmal!« und wütend warf ich die Zeitung weg.

Jetzt hatten sich alle meine Befürchtungen bestätigt, noch über meine Vorahnungen hinaus. Ich pfiff dem Hund und ging schnell nach Hause.

Onorina hatte die Fenster geschlossen, aber die Vorhänge nicht zugezogen; in diesem Augenblick öffnete der Himmel alle Schleusen und gleichzeitig gelang es einem blendenden, schrägen Sonnenstrahl, den blauschwarzen Regen, der ans Fenster prasselte, zu durchbrechen und über den Sessel zu flimmern, auf den ich mich gerade setzen wollte. Abscheu. Ich floh ins Schlafzimmer, das noch genauso dunkel war wie vorher, als ich es verlassen hatte. Mechanisch, fast ohne es zu merken, zog ich mich aus und legte mich unter die noch warme Decke. Aus dem Dunkel heraus fragte meine Frau: »Willst du noch weiterschlafen?«

»Ja.«

»Wie ist denn das Wetter?«

»Schön, wunderschön, ein herrlicher Frühlingstag.«

Sie antwortete nicht, sie schlief schon wieder.

Im Zimmer herrschte tiefstes Dunkel, ohne einen einzigen Lichtschimmer. Ganz allmählich ließ meine Gereiztheit nach, und als es mir besser ging und ich den Grund dafür suchte, wurde mir schließlich bewußt, daß diese absolute, einheitliche, völlig schwarze, ganz und gar lichtlose Dunkelheit, in der man nicht den geringsten Gegenstand sah, vollkommen war.

GRAHAM GREENE
Besondere Aufgaben

William Ferraro von der Firma Ferraro & Smith wohnte in einem großen Haus am Montague Square. Einen Flügel bewohnte seine Frau, die sich für schwer leidend hielt und deshalb streng das Gebot befolgte, jeden Tag so zu leben, als wäre er der letzte. Aus diesem Grunde hatte ihr Flügel des Hauses in den letzten zehn Jahren unweigerlich einen Jesuiten oder einen Dominikaner beherbergt, der einen feinen Gaumen für guten Wein und Whisky und eine Notrufglocke in seinem Schlafgemach hatte. Mr. Ferraro hingegen kümmerte sich um sein Seelenheil auf eine etwas unabhängigere Art. Er stand mit jener festen Entschlossenheit mitten im praktischen Leben, die schon seinen Großvater, er war mit Mazzini ins Exil gegangen, befähigt hatte, das große Geschäftsunternehmen Ferraro & Smith in einem fremden Land zu gründen. Gott schuf den Menschen nach seinem Ebenbild, und so war es nicht unbegreiflich, daß Mr. Ferraro das Kompliment erwiderte und Gott als Generaldirektor irgendeines riesigen Konzerns betrachtete, der freilich bei einigen seiner Geschäfte auf Ferraro & Smith angewiesen war. Die Stärke einer Kette ist gleich der ihres schwächsten Gliedes, und Mr. Ferraro vergaß seine Verantwortung nie.

Ehe sich Mr. Ferraro morgens um neun Uhr dreißig ins Büro begab, pflegte er aus Gründen der Höflichkeit seine Frau im andern Flügel des Hauses anzurufen. »Pater Dewes«, meldete sich gewöhnlich eine Stimme.

»Wie geht's meiner Frau?«

»Sie hat eine gute Nacht verbracht.«

Das Gespräch wich nur selten von dieser Formel ab. Es hatte eine Zeit gegeben, in der Pater Dewes' Vorgänger den Versuch unternahm, die beiden Ehegatten einander näherzubringen. Er hatte dies jedoch aufgegeben, als ihm klar wurde, wie aussichtslos sein Unterfangen war und ihm einfiel, daß bei den wenigen Anlässen, bei denen Mr. Ferraro mit ihnen das Dinner im andern Flügel einnahm, ein minderwertiger Rotwein serviert wurde und es vor dem Essen keinen Whisky gab.

Sobald Mr. Ferraro von seinem Schlafzimmer aus, wo er auch sein Frühstück verzehrte, den Anruf erledigt hatte, lustwandelte er – wie Gott im Garten Eden – durch seine Bibliothek, auf deren Regalen die korrekten Klassikerausgaben standen, und durch den Salon, an dessen Wänden eine der kostbarsten privaten Kunstsammlungen hing. Wo ein anderer einen einzigen Degas, Renoir, Cézanne wie einen Schatz hüten würde, kaufte Mr. Ferraro im großen ein – er besaß sechs Renoirs, vier Degas und fünf Cézannes. Er wurde ihrer nie überdrüssig, stellten sie doch eine erhebliche Einsparung an Erbschaftssteuern dar.

Dieser besondere Montagmorgen war zugleich auch der 1. Mai. Die Frühlingsstimmung war pünktlich über London gekommen, und die Spatzen im Staub der Straßen lärmten. Auch Mr. Ferraro war pünktlich, doch im Unterschied zu den Jahreszeiten war er so zuverlässig wie das Zeitsignal von Greenwich. Mit seinem Privatsekretär – einem Mr. Hopkinson – ging er seinen Arbeitsplan für den Tag durch. Er war nicht sehr anstrengend, da Mr. Ferraro die seltene Fähigkeit besaß, Verantwortung zu delegieren. Dies tat er um so bereitwilliger, als er es gewohnt war, in seinem Betrieb unerwartete Kontrollen vorzunehmen, und wehe dem Untergebenen, der ihn enttäuschte! Sogar sein Arzt mußte damit rechnen, daß Mr. Ferraro seine Diagnose unvermutet durch einen zweiten Facharzt überprüfen ließ.

»Ich glaube, ich werde heute nachmittag Christie's aufsuchen und nachsehen, wie Maverick dort weiterkommt«, äußerte er zu Hopkinson. (Maverick war als sein Agent zum Ankauf von Bildern angestellt.) Und was konnte Mr. Ferraro an einem schönen Mainachmittag Besseres tun, als einmal dem Mr. Maverick auf die Finger zu sehen? Dann fügte er noch hinzu: »Schicken Sie mir Miss Saunders herein«, und zog eine Personalakte hervor, in die nicht einmal Hopkinson Einsicht nehmen durfte.

Miss Saunders kam wie ein Mäuschen hereingehuscht.

Man hatte bei ihr den Eindruck, daß sie sich immer knapp am Boden bewegte. Sie war etwa dreißig Jahre alt, besaß Haar von einer unbestimmbaren Farbe und Augen von einem überraschend klaren Blau, das ihrem sonst unauffälligen Gesicht eine gewisse Ähnlichkeit mit einer Heiligenstatue verlieh. In den Büchern der Firma wurde sie als »Stellvertretende Privatsekretärin« geführt, und ihre Pflichten waren »besondere«. Sogar ihre beruflichen Voraussetzungen waren besonderer Art: Sie war an der Klosterschule von St. Latitudinaria in Woking Klassenbeste gewesen und hatte durch drei aufeinanderfolgende Jahre den Sonderpreis für Frömmigkeit gewonnen – ein kleines Triptychon der Jungfrau Maria mit einem Hintergrund aus blauer Seide und einem feinen Ledereinband, geliefert von der Devotionaliengroßhandlung Burns, Oates & Washbourne. Ferner konnte sie auf viele Jahre unbezahlten Dienstes als Marienkind verweisen.

»Miss Saunders«, begann Mr. Ferraro, »ich finde hier keine Aufstellung über die Ablässe, die im Juni zu gewinnen sind.«

»Ich habe sie hier, Sir. Gestern abend kam ich spät nach Hause, weil zum vollkommenen Ablaß in St. Etheldreda alle Kreuzwegstationen erforderlich waren.«

Mit diesen Worten legte Miss Saunders eine getippte Liste auf Mr. Ferraros Schreibtisch. In der ersten Spalte das Datum, in der zweiten die Kirche oder der Wallfahrtsort, wo der Ablaß zu gewinnen war, und in der dritten Kolonne mit roter Tinte die Anzahl der Tage, die von den zeitlichen Strafen im Fegefeuer eingespart worden waren. Mr. Ferraro las die Aufstellung sorgfältig durch.

»Miss Saunders, ich gewinne den Eindruck«, erklärte er dann, »daß Sie zuviel Zeit auf die unteren Gruppen verwenden. Sechzig Tage hier, fünfzig dort. Sind Sie sicher, daß Sie damit nicht Zeit vergeuden? Ein Ablaß von dreihundert Tagen wiegt zahlreiche kleinere auf. Ich stellte eben fest, daß Ihr Voranschlag für Mai niedriger war als Ihre Ziffern für April, und Ihre Berechnung für Juni ist fast so niedrig wie der März-Fonds. Fünf vollkommene Ablässe und eintausendfünfhundertundfünfundsechzig Tage – im April hatten Sie ein sehr gutes Resultat. Ich möchte nicht, daß Sie nachlassen.«

»April ist ein sehr guter Monat für Ablässe, Sir. Wegen Ostern. Im Mai können wir uns darauf stützen, daß er der Marienmonat ist. Der Juni ist nicht sehr ergiebig, ausgenommen Fronleichnam. Sie werden da eine kleine polnische Kirche in Cambridgeshire angeführt sehen …«

»Also meinetwegen, solange Sie sich vor Augen halten, Miss Saunders, daß wir alle nicht jünger werden. Ich setze sehr großes Vertrauen in Sie, Miss Saunders. Wenn ich hier nicht so beschäftigt wäre, könnte ich mich um einige dieser Ablässe persönlich kümmern. Ich hoffe, Sie schenken den Bedingungen größtes Augenmerk.«

»Selbstverständlich, Mr. Ferraro.«

»Und Sie achten stets sorgfältig darauf, im Zustande der heiligmachenden Gnade zu sein?«

Miss Saunders senkte den Blick. »Das ist in meinem Falle nicht sehr schwer, Sir.«

»Was ist also Ihr Programm für heute?«

»Es liegt vor Ihnen, Mr. Ferraro.«

»Ja, natürlich! St. Praxted in Canon Wood. Das ist ziemlich weit. Sie müssen den ganzen Nachmittag auf einen Ablaß von nur sechzig Tagen verwenden?«

»Das war alles, was ich für heute ausfindig machen konnte. Natürlich gibt es immer die vollkommenen Ablässe in der Kathedrale. Aber ich weiß, daß Sie Wert darauf legen, im selben Monat nichts wiederholen zu lassen.«

»Das ist der einzige Punkt, in dem ich abergläubisch bin«, sagte Mr. Ferraro. »In der Lehre der Kirche findet dieser Aberglaube natürlich keinerlei Begründung.«

»Sie würden nicht einer gelegentlichen Wiederholung zustimmen, etwa für eines Ihrer Familienmitglieder, für Ihre Frau Gemahlin …«

»Miss Saunders, man lehrt uns, in erster Linie auf unser eigenes Seelenheil zu achten. Meine Frau sollte sich um ihre Ablässe selbst kümmern – sie hat ja einen ausgezeichneten geistlichen Beistand in der Person unseres Jesuitenpaters;

und ich beschäftige Sie, damit Sie für mein Seelenheil sorgen.«

»Sie haben demnach gegen die Kirche in Canon Wood nichts einzuwenden?«

»Wenn es wirklich das Beste ist, was Sie auftreiben können; und solange es keine Überstunden verursacht.«

»Nein, nein, Mr. Ferraro, nur eine Dekade des Rosenkranzes, weiter nichts.«

Nach einem zeitigen Lunch – einem sehr einfachen Mahl, das er in einem billigen Restaurant in der City zu sich nahm und mit Stiltonkäse und einem Glas erlesenen Portweins beendete – suchte Mr. Ferraro Christie's Auktionshalle auf. Maverick war in sehr zufriedenstellender Weise auf seinem Posten, und Mr. Ferraro machte sich nicht die Mühe, auf den Bonnard und den Monet zu warten, zu deren Ankauf ihm sein Agent geraten hatte. Der Tag blieb weiterhin sonnig und warm, aber aus der Richtung des Trafalgar Squares drangen verworrene Laute, die Mr. Ferraro daran erinnerten, daß heute ja der Tag der Arbeit war. Irgendwie paßten die Sonne und die Frühlingsblumen unter den Bäumen des Parks nicht recht zu diesen Aufmärschen von Männern mit offenen Hemdkragen und zu den ungelenk gemalten Spruchbändern. Mr. Ferraro verspürte Lust nach einem wirklichen Feiertag und wollte seinem Chauffeur schon befehlen, ihn in den Richmond-Park zu fahren. Doch wenn es nur irgendwie ging, zog er es immer vor, das Vergnügen mit dem Geschäft zu verbinden, und so kam er auf den Gedanken, daß er jetzt nach Canon Wood hinausfahren könnte; Miss Saunders müßte etwa um diese Zeit dort eintreffen und nach der Mittagspause ihre Nachmittagsarbeit aufnehmen.

Canon Wood war eine jener neuen Vorstädte, die um einen alten Adelssitz herum angelegt wurden. Die privaten Gründe waren nun ein öffentlicher Park, das Schloß selbst, berühmt als die Heimstätte eines weniger bedeutenden Ministers, der zur Zeit der amerikanischen Revolution der Regierung des Lord North angehört hatte, beherbergte jetzt ein kleines Vorstadtmuseum, und über den flachen, windigen Hügel, den einst ein Feld von hundert Morgen bedeckt hatte, führte nun eine Straße: Da gab es eine Kohlenhandlung, deren Schaufenster mit einem großen Kohlenklumpen in einem Metallkorb geschmückt war, ein Warenhaus, das Odeon-Kino und eine große anglikanische Kirche. Mr. Ferraro wies seinen Fahrer an, sich nach dem Weg zur römisch-katholischen Kirche zu erkundigen.

»Gibt es hier keine«, erklärte der Polizist auf der Straße, den der Fahrer fragte.

»St. Praxted?«

»Gibt es hier nicht«, wiederholte der Polizist.

Gleich einer biblischen Gestalt fühlte Mr. Ferraro plötzlich eine Schwäche in den Eingeweiden.

»Die St.-Praxted-Kirche in Canon Wood?« fragte er nun selbst.

»Existiert nicht, Sir«, beharrte der Polizist. Mr. Ferraro ließ sich langsam in die City zurückfahren. Das war das erste Mal, daß er Miss Saunders überprüft hatte – drei Preise für Frömmigkeit hatte sie gewonnen. Auf dieser Heimfahrt fiel ihm plötzlich ein, daß Hitler von Jesuiten erzogen worden war, und dennoch hoffte er wider alle Hoffnung.

In seinem Büro angelangt, schloß er die Schublade auf und entnahm ihr die geheime Personalakte. Konnte er Canon Wood mit Canonbury verwechselt haben? Nein, er hatte sich nicht geirrt, und mit einemmal befiel ihn gräßliche Ungewißheit, wie oft in den letzten drei Jahren Miss Saunders wohl sein Vertrauen mißbraucht haben mochte. (Er hatte sie vor drei Jahren nach einer schweren Lungenentzündung angestellt – der Gedanke dazu war ihm während der langen, schlaflosen Nächte seiner Genesungszeit gekommen.) War es denkbar, daß nicht einer dieser Ablässe gewonnen worden war? Das konnte er nicht glauben. Sicherlich mußten einige aus der Gesamtsumme von 36 892 Tagen gelten. Aber nur Miss Saunders konnte ihm sagen, wie viele es tatsächlich gewesen waren. Und was hatte sie in ihrer Bürozeit, in den langen Stunden ihrer Pilgerfahrten angefangen? Einmal hatte sie sogar ein ganzes Wochenende für einen Besuch von Walsingham gebraucht.

Er klingelte nach Mr. Hopkinson, der nicht umhinkonnte, eine Bemerkung über die Totenblässe im Gesicht seines Dienstgebers zu machen. »Fühlen Sie sich nicht wohl, Mr. Ferraro?« fragte er.

»Ich habe einen furchtbaren Schock erlitten. Können Sie mir sagen, wo Miss Saunders wohnt?«

»Sie lebt bei ihrer kranken Mutter in der Nähe von Westbourne Grobe.«

»Die genaue Adresse, bitte.«

Mr. Ferraro fuhr in die Einöde von Bayswater. Dort waren einstmals prächtige Wohnhäuser nobler Familien in kleine Hotels verwandelt oder, wenn das Glück es wollte, zu Parkplätzen zerbombt worden. In den Häuserzeilen dahinter lehnten zweifelhafte Mädchen am Geländer, und eine Kapelle von Straßenmusikanten kam mit mißtönenden Klängen um die Ecke. Mr. Ferraro fand das Haus, aber er konnte sich nicht dazu aufraffen, an der Tür zu läuten. Geduckt saß er in seinem Daimler und wartete darauf, daß etwas geschah. War es die Intensität seines Blicks, was Miss Saunders an ein Fenster des Obergeschosses brachte? War es der bloße Zufall oder die Rache des Schicksals? Mr. Ferraro meinte zunächst, daß die Wärme des Tages der Grund war, weshalb sich Miss Saunders so unvollständig bekleidet zeigte, als sie das Fenster ein wenig weiter öffnete. Aber dann schlang sich ein Arm um ihre Mitte, ein junger Mann blickte auf die Straße hinab, eine Hand schob mit vertrauter Gewohnheit den Vorhang vors Fenster. Mr. Ferraro mußte erkennen, daß nicht einmal die Voraussetzungen für einen Ablaß in der vorgeschriebenen Weise gegeben waren.

Wenn an jenem Abend ein Freund gesehen hätte, wie Mr. Ferraro die Stufen zu seinem Haus am Montague Square hinaufschritt, hätte er überrascht festgestellt, wie stark er plötzlich gealtert war. Es war beinahe so, als hätte er an diesem Nachmittag die 36 892 Tage auf sich geladen, von denen er geglaubt hatte, er habe sie in den vergangenen drei Jahren vom Fegefeuer gespart. Die Vorhänge waren geschlossen, das Licht brannte, und im anderen Flügel des Hauses war ohne Zweifel Pater Dewes eben dabei, den ersten seiner allabendlichen Whiskys ins Glas zu gießen. Mr. Ferraro klingelte nicht, sondern schloß selbst ganz leise das Haustor auf. Der dicke Teppich verschluckte wie Treibsand den Klang seiner Schritte. Er schaltete kein Licht an; nur eine Lampe mit rotem Schirm war in jedem Zimmer für ihn angezündet und lenkte jetzt seine Tritte. Die Bilder im Salon erinnerten ihn an die Erbschaftssteuer: ein mächtiges Degas-Gesäß quoll wie der Pilz einer Atomexplosion über einem Bad. Mr. Ferraro ging weiter in die Bibliothek. Die Klassiker in Ledereinbänden gemahnten ihn an tote Dichter. Er setzte sich in einen Sessel. Ein leichter Schmerz in der Brust erinnerte ihn an seine doppelseitige Lungenentzündung. Er war dem Tode um drei Jahre näher als zu dem Zeitpunkt, als er Miss Saunders angestellt hatte. Nach geraumer Weile flocht Mr. Ferraro die Finger in der Art ineinander, wie dies manche Leute beim Beten tun. Bei Mr. Ferraro war dies das Zeichen eines plötzlichen Entschlusses. Das Schlimmste war vorüber; die vor ihm liegende Lebenszeit begann sich wieder zu dehnen. Er dachte: Morgen werde ich mich um eine wirklich verläßliche Sekretärin umsehen.

Brigitte Kronauer

Meine Tasche

»Nie hätte ich für möglich gehalten, daß mich der Anblick meiner eigenen Tasche so erschrecken könnte! Beim Frühstück ging es, noch unauffällig, los. Was kriegt man in dieser Stadt morgens für viel Geld zu essen? So gut wie nichts. Man muß froh sein, wenn einem der Hotelkaffee nicht gleich wieder hochkommt. Bei jedem Bissen fielen Teile vom alten Blätterteiggebäck auf meinen Schoß und die Kacheln. Ich war vollauf damit beschäftigt, das zu beobachten und zu bedauern, bis ich an der Eingangstür zum kleinen Foyer, das im hinteren Teil als Frühstücksraum benutzt wurde, eine Frau mit ihrem komischen Gepäck entdeckte, typisches Stadtstreicherinnengepäck, eine Bettlerin, die nur dastand und nichts sagte. Sie sprach auch keinen aus der Reisegruppe an, die an der Rezeption abgefertigt wurde, nutzte jedoch ihre Chance, im Schutz der vielen Rücken vorzudringen, keine Krähe, eine fette, schwarze Katze, und sich an die Frühstücksbar zu stellen. Wir saßen alle an Tischchen mit je drei verschiedenen frischen Blumen, und die Serviererin bediente uns wie in einem erstklassigen Hotel, glaube ich, aber jetzt stand sie hinter der Theke und die Bettlerin davor, und die beiden sahen einander an. Die Frau trug ihre Bettelei vor, als handelte es sich um eine Bestellung, die adrette Serviererin sagte: ›Einen Moment‹, trödelte ein bißchen, um die Frau in ihre Schranken zu weisen, schob ihr dann aber einen Cappuccino hin, mit Silberlöffel und Untertasse, ließ sie ihr Gebäck wählen, vielleicht sollte das die reine Ironie sein, legte es ihr mit einer Zange auf eine Papierserviette, anders bekamen wir es auch nicht, und wechselte, ohne mit der Wimper zu zucken, vielleicht sollte es auch die wahre Nächstenliebe sein, ein paar Worte, wie es zum normalen Service gehört, mit der Frau, die wohl alles, was sie an Kleidung besaß, übereinander angezogen hatte und bald, übrigens schroffer als die Bedienung grüßend, verschwand.

Erst draußen merkte man, wie enorm der Morgen war. Keine Wolke, keine Trübung. Erstaunlich viele städtische Vögel. Vor einem rötlichen Haus blühte ein rosiger Baum, einfach mondän! Man wurde nicht nur doppelt unternehmungslustig, sondern auch eiliger. Die allgemeine Geschwindigkeit fuhr einem plötzlich in die Gliedmaßen. Schon war man unterwegs.

Manche Pärchen allerdings ließen sich Zeit. Gut, warum auch nicht, warum sollten sie sich nicht auf den Parkbänken direkt hinter der Bushaltestelle vergnügen. Aber manche hörten, und es gab sie nun auf einen Schlag überall, überhaupt nicht mehr auf mit dem Knutschen, als hätten sie nicht mitbekommen, daß längst die Sonne aufgegangen war. Ein Pärchen besonders! Die hatten den Mantel des Mädchens über ihre vier Beine bis zur Taille gelegt und hielten darunter, während sie oben mit den Zungen schäkerten, ganz verzückt still, das sah jeder. Warum auch nicht, natürlich.«

»Entschuldige bitte!« Meine Schwester nahm ihren Hund an die kurze Leine, an der langen war er eben schon gelaufen: »Ein Rüde? Ist Ihr Hund ein Rüde?« Das sagte sie zu einem Spaziergänger, dann wieder zu mir: »Die Sommerzeit ab morgen also. Wie ist das noch? Eine Stunde vor- oder zurückstellen, ich bringe das immer durcheinander.«

Sie hatte offenbar nicht so dünne Schuhsohlen wie ich. Ich spürte jeden Stein auf dem Weg. Am Rand blühten dunkle Märzveilchen. Um daran zu schnuppern, hätte man sich auf den Boden werfen müssen. Das tat ich aber nicht.

»Sonst nicht, aber dort unten, wenn ich gerade an einer vorbeikomme, sehe ich schnell in die Kirchen rein, die Namen vergesse ich, auch die Kunst und die Besonderheiten. Aber das Finstere darinnen, das nicht, das war auch an diesem Morgen prima, damit es nämlich dann draußen um so lauter und heller ist und danach wieder drinnen, in der nächsten noch stiller und schwärzer. Mitten auf einer schmalen Straße lag eine wahrscheinlich vor kurzem überfahrene, in zwei Stücke getrennte Taube, hier der Rumpf mit dem matschig blutigen Abschluß, dort der Kopf mit dem breiig blutigen Anfang. Aber, na klar, nicht deshalb brachen, an diesem Morgen nach meiner Meinung zum ersten Mal, die Sirenen gleich mehrerer Polizeiautos los. Wie auf geraden Linien schossen die höllisch hohen Signale ran und weg.

Gegen halb elf standen wir an einer Haltestelle und erkundigten uns bei drei alten Männern nach der Buslinie zu einer Aussichtsplattform, ein Wallfahrtsort mit einer Kirche, die den Wald im Namen führt. Die kleinen Greise hörten mit ihren Erklärungen gar nicht mehr auf, man wurde nicht schlauer dadurch. Sie setzten sich Sonnenbrillen vor die Augen und näherten sich mal von hier, mal von da. Schließlich stiegen wir wie durch ein Wunder doch noch in den richtigen Bus, der schon voll war und sich noch weiter füllte. Man schwankte, was ich lange nicht mehr erlebt hatte, völlig eingezwängt im Gedränge, nur oben klammerte man sich, am ausgestreckten Arm, an eine Lederschlaufe und gewann so ein Minimum an Standfestigkeit. Selbstverständlich wurde man, ohne das sonderlich zu registrieren, von allen Seiten am Körper berührt. Wir unterhielten uns trotzdem, gerieten außer Blickkontakt, sprachen über niedrigere Köpfe hinweg. Dicht bei mir, ja an mich gelehnt, stand ein Männchen mit sehr kleinen, runden Augen, zwei winzige Löcher in seinem alten, aber unanständig glatten Gesicht, die immer, egal, wie uns der Wagen schüttelte, an mir vorbeisahen. Dabei fühlte ich den Mann ununterbrochen. Mir wurde das erst nach und nach klar: Wir befanden uns in fortwährendem Kontakt von den Hüften an abwärts. Und wie ich der eindeutigen, weiß Gott eindeutig konstanten Berührung unter all den flüchtigen auch auszuweichen versuchte, es klappte nicht. Ich lächelte den Kleinen an, um wenigstens den scheinheiligen Zufall zu veralbern. Aber nein, er sah stur, seinen Unterleib an meinen gepreßt, unnachgiebig dagegen gepreßt und sogar vom Busgerüttel in ein reibendes Hin und Her gebracht, an mir vorbei. Es gab kein Entkommen und ehrlich gesagt, es amüsierte mich. Mir war das noch nie in dieser Form und erst recht nicht mit so einer schmächtigen Person passiert, und selbst meine Handtasche, die an ihrem Riemen in die unauslotbare Tiefe reichte, stemmte ich nicht zwischen uns. Ich wußte gar nicht, wo sie sich in diesem Gewühl und in dieser zielgerichteten Intimität aufhielt. Also ging es oben herum höchst anonym und offiziell zu und unten unverhohlen direkt. Eine Ohrfeige? Viel zu theatralisch. Vor allem: Was konnte ich ihm nachweisen in dieser konspirativen Enge? Ein häßliches, eisern nach vorn stierendes Kerlchen. Sobald mehr Leute den Bus verließen als einstiegen, löste er sich in Luft auf.«

»Die Schlehdornblüte«, sagte meine Schwester und erinnerte daran, weshalb wir eigentlich auf diesem kaum geschlängelten, künstlich angelegten Weg gingen. »Ist das schon die Schlehdornblüte, die ich dir unbedingt zeigen muß? Nein, ist sie noch nicht, Schlehdorn schon, aber noch nicht die wahre, Busch an Busch. Warte nur ab. Wir können sie gar nicht verfehlen.«

»Die Wallfahrtskirche war abgeschlossen, ohne irgendeinen Baum in der Nähe. Einige alte Männer stiegen aus und setzten sich auf ein Mäuerchen, um die Beine baumeln zu lassen. Gut, der Blick auf die unten liegende Stadt gefiel mir. Glücklicherweise sahen wir, daß eine Nonne etwas mit einem jungen Mann besprach und ihn mit sich führte. Wir folgten den beiden und gelangten in einen grünen Innenhof und in die Sakristei. Sie schickte uns aber, nur den jungen Mann nicht, in die kalte Kirche. Sieh da, jetzt hatte man das Portal weit geöffnet, jeder konnte rein, aber außer uns wollte keiner. Wir suchten noch den berühmten Kreuzgang, fanden aber nur lange Gänge eines Spitals, endlose Flure mit seitlichen Krankenzimmern, alle vollgestellt mit Betten, in denen auffällig verbundene, mittelalterlich bizarre Kranke saßen. Provisorische Behandlungskabinen mit Plastikeimern, ohne Fenster. Wir gingen die drei Korridore ab, die im rechten Winkel zueinander lagen: Wahrscheinlich bildeten sie den ehemaligen Kreuzgang. Patienten in Pantoffeln und Nachtkleidung, mit übers Gesicht geklebten Pflasterstreifen starrten uns an, Transistorapparate, aus denen es laut heulte, unter teilweise verstümmelten Armen. Wir kehrten, was sonst, am Ende der gebohnerten Piste um, am

Mönchsgesang vom Tonband aus der Kirche vorbei und entwischten ins Freie, weg von den zugigen Hallen, den Verunglückten oder Zusammengeschlagenen.

Man konnte sich aber wegen der Wetterverschlechterung draußen nicht mehr aufwärmen. Jetzt mußte man alles um sich wickeln, was man bei sich hatte. Wir fuhren mit dem nächsten Bus in die Stadt zurück, stiegen irgendwo aus, an einem freundlich wirkenden Eckchen, und sogleich begann ich zu hinken. Ich hatte am linken Schuh den Absatz verloren, vielleicht schon auf dem Hügel oben.

Zwei Stunden später, nach allerlei Irrgängen durch das Viertel, von gemütlichen, nach Sellerie riechenden Hausfrauen kreuz und quer in Straßen ohne Schuster und vor verschlossene Warenhäuser mit Schnellreparatur geschickt, saßen wir in einer gelb-braunen Höhle und sahen einem wildbehaarten, krummen Mann zu, wie er auch vom zweiten Schuh den Absatz riß und sich ans Werk machte. Nichts in seinem Laden schien unrepariert, der Stuhl, die Regale, sein Kittel, die Lampe, seine Hände. Immerhin, etwas unelegant, aber solide hatte er schließlich gewissermaßen mein Gleichgewicht wiederhergestellt. Bis in sein Geschäft, in die Tiefe seiner dunklen Behausung hörte man die Polizeisirenen. An diesem Tag waren sie außer sich, in Panik. Keine geraden Linien mehr. Es überkreuzte sich, stob auseinander und brüllte um die Wette. Auf der nächsten größeren Straße rasten fünf Motorräder in höchstem Alarmzustand kurzfristig auf uns zu. Der Himmel verdunkelte sich zusehends. Wurde es wärmer oder kälter? Wir hatten keine Ahnung, wo wir uns befanden. Der Stadtplan? Beim Warten auf den Bus als Sitzunterlage benutzt und vergessen.«

»Ist es ein Rüde?« rief meine Schwester. »Meine ist läufig.« Sie holte ihre schwarze Hündin dicht an sich heran. »Man muß ständig auf der Hut sein!« Der Weg, weiß und steinig, lief ohne Windungen zwischen den Wiesen geradeaus. Rechts Meisen, links Kiebitze.

»Über die ganze Weite eines leeren Platzes hinweg bemerkte ich ein Ungetüm, ein buntes, kugeliges Monstrum, das sich jedoch nicht rollend fortbewegte, sondern watschelnd, mühsam, aber ohne Aufenthalt, auf einen Brunnen in der Mitte zu. Eine alte Frau, eine Stadtstreicherin, mit allen denkbaren Farben fröhlich angetan und sowohl vorn wie hinten vollkommen rund. Nicht nur ihre Körperbeschaffenheit, auch die Art ihrer Kleidung, Drapierung, Ausstopfung – so, wie sie auftrat, konnte kein menschliches Wesen gewachsen sein – war nicht zu enträtseln. Sie beugte sich über den Brunnenrand und wusch sich die Füße. Wir gingen näher heran, um ihrer Verpackung auf die Schliche zu kommen. Hinter der Hauptfigur der Brunnenplastik saß ein Pärchen, der Junge auf dem Schoß des Mädchens, nein, er saß auf dem Brunnenstein, denn das Mädchen hatte die Schenkel so weit geöffnet, daß er sich mit dem Hintern auf dem Stein aufstützte. So träumten sie seelenruhig mitten auf dem großen Platz, einander zugewandt. Über ihnen und über uns kreisten nun gleich mehrere Hubschrauber, Polizeihubschrauber, wie suchend, bevor sie in die Ferne abschwirrten.

In der Gasse aber, in die wir abbogen, ging eine kleine Prozession. Ein Junge von circa acht Jahren trug einen Kleiderbügel wie einen sakralen Gegenstand vor sich her, dann folgte ein Wäscheständer, mit Kleidungsstücken behängt, den zwei jüngere Mädchen schleppten. Ihnen schloß sich ein weiteres Mädchen, noch jünger, an, das Blumen auf den Boden warf. Hätte es nicht vorn gehen müssen? Der Wäscheständer, der von den undeutlich summenden Kindern getragen wurde, sollte vermutlich das Rechteck der gläubig pilgernden Wallfahrer darstellen.«

»Die Sommerzeit«, sagte meine Schwester, wie mir schien etwas gereizt oder zumindest ungeduldig, »die Sommerzeit beginnt morgen. Wir müssen daran denken, uns wird eine Stunde abgeknapst. Wir müssen uns umstellen. Wann stellen wir um? Heute abend, morgen früh?«

»Inzwischen war ich sicher, daß es wirklich, auch in der Stadt, beträchtlich kälter geworden sein mußte. Noch an anderen Stellen ließen die Mädchen ihre Freunde zwischen ihren Beinen unbefangen in aller Öffentlichkeit Platz nehmen. Es war bestimmt an diesem Tag Mode geworden, vielleicht erst ausgerechnet an diesem Tag. Aber nun ging auch das vorbei, denn es begann zu regnen. Man konnte nicht mehr irgendwo herumsitzen ohne Dach über dem Kopf. Wir suchten nach den Straßennamen, pendelten von Straßenecke zu Straßenecke. ›Hier hat man damals das Auto mit Moro darinnen gefunden‹, sagte jemand auf Deutsch, aber es half alles nichts, und wir überlegten, an ein Schaufenster gedrückt, mit Perücken dahinter, ob wir eine Kleinigkeit essen oder ins Hotel fahren sollten, mit viel Verpflegung unterm Arm. Die Busse schwankten vor Überfüllung. Der schöne Tag war längst zu Ende, das spürten wir, und es war egal, aber nein, wir wollten es nicht, er sollte nicht so sang- und klanglos erledigt sein und sich aus dem Staube machen. Also beschlossen wir, aus Angst, es könnte uns was vorenthalten werden, hungrig, müde, frierend, uns noch einmal ins Getümmel zu wagen an einem beliebten Platz. So rafften wir uns auf, leider, liefen von den Perücken zum Bus, fuhren ohne Fahrschein zu einer zentralen Busstelle und erkundigten uns dort nach einer Linie, die uns zu unserem Ziel brächte, bei einem echten Schaffner, so konnte nämlich nichts schiefgehen.

Wir standen hinten im richtigen Bus, wußten aber nicht die Adresse für den von uns ausgesuchten Platz. Ich fragte, ich überwand mich und fragte eine Frau mit grauem Haarknoten und sehr ziselierten Ohrringen. Sie versprach, uns im entscheidenden Moment das Signal zum Aussteigen zu geben, danach müßten wir noch ein paar Schritte laufen. Ich beobachtete nun nichts anderes mehr als die geschmückten Ohrläppchen der Frau, denn wir fürchteten, sie könnte uns vielleicht vergessen haben. Einmal stieß mich ein kleiner, aufgeregt gestikulierender Mann, womöglich der kleinste an diesem Tag – etwas kleiner noch, und er wäre ein Zwerg gewesen – schnöde beiseite und wühlte sich unter den Achselhöhlen der anderen nach vorn. Er hatte wohl Angst, den Ausstieg zu verfehlen aufgrund seiner körperlichen Dürftigkeit in der Menge. Ich dagegen überwachte das Ohrzipfelchen noch dringlicher, wir fuhren doch schon so lange. Aber da nickte sie uns zu, ihre Finger tanzten einen Augenblick in der Luft, es sollte bedeuten, daß wir noch ein Stück, uns durchfragend, zu gehen hätten. Der kleine Mann stand an der Mitteltür und hatte auch hier wieder Sorge, man könnte ihn benachteiligen. Exaltiert stürzte er, als ich vor ihm aussteigen wollte, an mir vorbei ins Freie. Eventuell, dachte ich, ist es für ihn auch eine Art Ehrensache.

Draußen bemerkten wir, daß wir uns wieder dort befanden, wo wir bei den Perücken Zuflucht vor dem Regen gesucht hatten. Wir waren nur auf einem anderen Weg dorthin zurückgefahren. Ich sah meine Tasche an, weil ich nicht wußte, was ich machen sollte und auch, weil ich einen Streit mit meinem Begleiter und mein eigenes Gejammer vermeiden wollte, aber noch mehr, weil mich etwas Falsches, eine geheime Rhythmusstörung dazu zwang. Ich erschrak, wie gesagt, bis in die Knochen, und doch ging es ja nur um eine Bestätigung: Der Reißverschluß war geöffnet! Ich starrte die Tasche so betäubt an, daß eine Passantin mir überzeugend ihr Beileid ausdrückte, sie roch nach einem Gewürz. Ich stand unter dem Haltestellenschild, stand und starrte und wußte: Die Würfel waren gefallen, es war entschieden und nicht mehr rückgängig zu machen. Die Öffnung des Reißverschlusses von fremder Hand konnte man, so übertrieben dachte ich es in den ersten Sekunden, nie mehr rückgängig machen. Lächerlich, natürlich, gegen alle Vernunft suchte ich, ohne mich vom Fleck zu rühren, dann alle paar Schritte, wieder und wieder in meiner schwarzen Tasche nach meinem roten Portemonnaie. Der Verlust betrug etwa 350,- DM insgesamt. Sogar einen Tag später habe ich idiotischerweise immer noch in der völlig übersichtlichen Tasche nach der sonst sofort feurigrot ins Auge springenden Geldbörse geforscht. Den Rest einer roten Museumskarte hielt ich im ersten Aufleuchten für das vermißte kleine Lederetui, und vor einigen Tagen, als ich ein Foto, ungefähr eine Woche vor dem Diebstahl gemacht, betrachtete, was interessierte mich da einzig und allein? Daß damals noch dieses Ding so rot in der schwarzen Tasche gesteckt hatte – rote Zunge im dunklen Taschengaumen –, die mir über der Schulter hing.«

»Sieh dir nur bitte die Büsche an, kein grünes Blättchen, nur die winzigen weißen Blüten. Und doch ist es noch nicht die wahre Schlehdornblüte, die ich dir zeigen will, Busch an Busch, der ganze Hang an diesem Weg entlang. Warte ab!« sagte meine Schwester. Ich aber sah, wie sich die Landschaft rechts und links vom Weg dunstig streckte unter Schleiern, nein, wallte, weich und unbestimmt wölbte und senkte und verschwamm.

»Wir standen an der Theke einer Bar und versprachen uns felsenfest: Wir verlieren kein Wort darüber. Schluß. Geschehen ist geschehen. In der nächsten Minute überschlugen wir, wie hoch der verlorene Betrag, ohne Beschönigung, wirklich gewesen war, welche Farben hatten die Geldscheine, vor allem: Wie war es passiert? Dann wieder: Kein Wort weiter! So immer abwechselnd. Wie war es passiert?

Während der Heimfahrt und in der Nähe des Hotels, auf Kirchenstufen, wo die Paare auf den nun getrockneten Steinen saßen, und wo ein sehr junges Mädchen mit bereits verdorbenem Gesicht einem noch jüngeren Partner ohne sich zu schonen und irgendeinen Körperteil auszulassen, das fortgeschrittene Küssen beizubringen versuchte, klärten wir den Vorgang fast bis ins letzte auf. Der kleine Mann hatte mich absichtlich angerempelt und dadurch von meiner Tasche, mit der ich immer auf Tuchfühlung war, abgelenkt. Entweder er selbst oder ein Kumpan hatte innerhalb dieser knappen Zeitspanne die Tasche geöffnet, im Taschenschlitz das Portemonnaie erkannt und gegriffen. Das erklärte auch die Hysterie des Kleinen an der Mitteltür, als ich ihm kurzfristig, noch arglos, den Fluchtweg versperrte. Ein alter Trick, das Ganze. So hatte der Tag plötzlich seinen endlichen Höhepunkt gehabt und seine Erklärung. Wir waren nun eigentlich, durch die Auflösung des Falls erst recht, sogar einerseits zufrieden und gestärkt.«

»Die Schlehdornblüte!« rief meine Schwester. »Ist sie nicht einzigartig?« Wir gingen jetzt in einem Hohlweg zwischen zwei weißen Blütenwällen geradeaus. Es war alles so, wie ich es erzählt hatte und eine kleine dunkle Kirche gewesen. Ich schlüpfte hinein wie in einen Taschenspalt. Was mich so beunruhigte: Noch niemals war ich bestohlen worden, nun war es unwiederbringlich, unwiederbringlich? geschehen, durch mein dösendes, melancholisches Dahintreiben an diesem Tag. Ich hatte mich, und war damit zur Komplizin des Diebes geworden, hemmungslos in Opferhaltung präsentiert, für ihn mit einem Blick, als er den Bus bestieg oder mir dorthin gefolgt war, erkennbar. Daher, als polizeilich Unschuldige, mein schlechtes Gewissen und meine Reue. Auch, seltsamerweise, kam es mir so vor, als wäre der Tasche nicht etwas geraubt, sondern zugefügt worden, in sie hineingerutscht, geflossen aus der sacht in sie dringenden Diebeshand. In diesem fast schwärzlichen Hohlraum mit dem rotglühenden Licht in seinem Inneren aber nahm ich selbst durch stilles Dasitzen und Gefühlswucherung, und es tröstete mich wie ein rechtschaffener Ausgang, nach einer Weile die feste, in dieser Stadt sich behauptende, nach außen abgeschlossene Form seines Mittelschiffs, seiner Seitenkapellen an.

Der Weg schoß vor uns geradeaus – in den Lücken hielt ich Ausschau nach der Landschaft, in die man wegschwimmen konnte, ausgleitend wegsinken, um in ihren vagen Wonnen zu ertrinken –, unbeirrbar als von Blüten weiß gepuderter Pfeil.

Der ewige Frühling – Schnee auf dem Epomeo

Das letzte Mal, als ich ihn gesehen habe, hatte *er* nicht einmal das Geld, sich ein Paar Zehn-Dollar-Schuhe zu kaufen. Zu dieser Jahreszeit, am Ende der Saison, hatte jeder zumindest etwas in der Tasche. Und *er* hätte mehr als genug haben sollen: *er* war ein Restaurantbesitzer auf der Insel. Obschon sein Restaurant ein wenig besonders, um nicht zu sagen eigenartig war. Es glich mehr einer weitläufigen Bar, wo man nur manchmal tatsächlich etwas zu Essen bekam. Außerdem existierten da noch einige Hinterzimmer; hier spielten sich die merkwürdigsten Dinge ab.

Aber *er* hatte nicht nur dieses Restaurant, *er* kochte auch stets in mehreren Töpfen gleichzeitig, oder zumindest versuchte *er* es. Manche Töpfe wurden überhaupt nie warm, obwohl *er* eine Menge Energie darauf verwendete. Andere kochten über, wurden manchmal so heiß, daß das Öl Feuer zu fangen und seine ganze Lebens-Küche zu zerstören drohte. Aber sein Überlebensinstinkt bewahrte ihn vor dem großen Inferno. Das Leben war gut zu ihm, gab ihm viele Chancen und Möglichkeiten. Es behandelte ihn viel besser als manch anderen. Trotzdem beschwerte *er* sich ständig und sang oft tagelange Klagelieder.

Er war nämlich, noch Jahre vor dem großen Boom, einer der Gründer und Miteigentümer des ersten Internet-Anbieters der Insel. Zumindest besagte das der Firmenname, dessen in Aussicht gestellte Dienste für mich von existentieller Bedeutung waren. Nachdem eine Freundin mich mit diesem grünen, mediterranen Paradies bekannt gemacht hatte, verliebte ich mich augenblicklich und ließ mich dort nieder. Um meinen Beruf ausüben zu können, mußte ich moderne Kommunikationsmittel auf dieser abgelegenen Insel installieren. Zum Glück gab es schon diese Firma.

Dieser Ort war nahezu unbekannt, verglichen mit seiner kleineren, bedeutenderen Schwesterinsel, die den Ruf eines weltberühmten Künstlerorts hatte. Für mich als einen amerikanischen Künstler – ich beschäftige mich mehr mit akustischer als mit visueller Kunst – ist das Leben an einem Platz, der als weltberühmter Künstlerort bezeichnet wird, unerträglich. Solche Enklaven haben ihre besten Zeiten lange hinter sich. Aus diesem Grund hatte ich letztlich die sogenannte Künstlermetropole Paris verlassen, um dieses abgelegene grüne Paradies zu meiner europäischen Heimat zu machen.

Die weltberühmte Künstlerinsel nebenan war nichts für Künstler. Sie war ein Zoo. Kein Ort, wo man seinen Seelenfrieden, persönliche Begegnungen, die Abgeschiedenheit und den intellektuellen Austausch finden konnte. Essentielle Kleinigkeiten, um den freien Geist wachsen und die Ideen Gestalt werden zu lassen.

Diese Gegend Europas hatte einen schlechten Ruf, doch für mich war es einer der sichersten Orte der Welt. In der großen Hafenstadt, wo die Boote ablegten, fand vor einiger Zeit eine internationale *Anti-Corruption-Conference* statt, was damals von der Weltpresse als absoluter Witz bezeichnet wurde. Bestechung von Politikern, Polizisten und Richtern war hier eine alte Tradition und tief im Land verwurzelt. Ein neuer Präsident wurde gewählt, weil er versprach, diesem Übel ein Ende zu setzen. Doch ausgerechnet er hatte Unmengen von illegalen Geldern genutzt, die ihm die Clans, die das Land tatsächlich regierten, gegeben hatten, um sein riesiges Medienimperium zu errichten. Damit kontrollierte er alle großen Fernsehsender und manipulierte die Öffentlichkeit, seine »New Force«-Partei zu wählen, die prompt die Mehrheit bekam.

Dieselben Clans kontrollierten auch die Fähren zu meiner Insel. Von Touristen verlangten sie dreimal soviel wie von den Inselbewohnern. Außerdem standen sie hinter den Agenturen, die über zehntausend Betten der Familienhotels an die Tourismusunternehmen vermittelten und dafür gigantische Provisionen kassierten. Verbrecherische Methoden und Organisationen außerhalb des Gesetzes hielten die Insel frei von fast jeder anderen Kriminalität. So blieben Tourismus und Geschäfte ganz ungestört.

Diese kriminellen Umstände waren eine nahezu ideale Voraussetzung für ein Paradies mitten im verrufenen Süden.

Mein erstes kleines Haus auf der Insel war wie für mich geschaffen. Es lag anderthalb Meilen von der kleinen Inselhauptstadt entfernt auf einem Hügel an einer winzigen, kurvenreichen Straße. Mein Häuschen hatte eine großartige Aussicht auf die Bucht, stand fast allein auf einer Anhöhe. Nur am Ende der Straße gab es noch ein paar Nachbarhäuser. Morgens wurde ich von den belebenden Strahlen der aufgehenden Sonne und vielen Vogelstimmen geweckt. Ich hatte das Haus vom Postboten des Ortes gemietet, der es illegal gebaut hatte, wie ich später erfuhr. Gemeinsam mit Familienmitgliedern hatte er in einer einzigen Nacht die Grundmauern errichtet und früh am Morgen das Dach vollendet. Das Haus wurde sofort von der Polizei versiegelt. Weil es aber bereits ein Dach hatte, durfte es laut Gesetz nicht wieder abgerissen werden. Es stand zunächst ein paar Jahre leer, bis kurz vor den Wahlen ein neues Gesetz verabschiedet wurde: Plötzlich konnten Schwarzbauten durch Strafzahlungen an den maroden Staatshaushalt legalisiert werden. So war es auf der Insel.

»Wrong house. Too loud in the summer. No sun in the winter. Sure you pay too much. Fucking people always take a profit, make a little speculation. You must be attention.« Wenn der Mitarbeiter einer Internetfirma zum ersten Mal vorbeikommt, um einen ISDN-Adapter zu bringen und zu installieren, erwartet man kaum eine solche Begrüßung. Unglaublich, aber hier war der Highspeed-Internetservice früher und leichter zu haben als in den USA. Theoretisch.

Er brachte kein Gerät mit. *Er* hatte nicht einmal Werkzeug dabei. Aber *er* redete. Stundenlang. Ununterbrochen. In seinem zwar verständlichen, doch aberwitzigen Englisch monologisierte *er*: über das Internet, das die Welt, so wie wir sie kennen, total verändern würde, »future you not imagine«, über die Umwelt, die zerstört würde von den »fucking people«, über die Verlogenheit der Inselbewohner mit ihrer »stupid old mentality«, und über Sex, »I need to pump three times a day«, und schließlich über die Frauen, »The woman is terrible«. Dann holte *er* einen Joint aus der Tasche, versuchte vergeblich, mir davon etwas anzudrehen, verpestete mein Wohnzimmer mit seinem Marihuanagestank und versprach, am nächsten Tag mit einem »specialist« wiederzukommen. Ich begann, mir Sorgen zu machen.

Es war in den frühen Tagen des Internets, als es noch nicht so verbreitet war. Für mich war es absolut notwendig, um mit den Museen der Welt Kontakt zu halten. Dort wurden meine akustischen Installationen ausgestellt. Im Whitney Museum of American Art in New York, dem Museum Ludwig in Köln, dem Museum of the Moving Image in London oder auf der documenta in Kassel. Meine Ausstellungen zu planen bedeutete wochenlange E-Mail-Korrespondenz, graphische Entwürfe und manchmal sogar akustische Files zu senden, obwohl dies zu dieser Zeit noch neu und schwierig war. Ich mußte Vorbereitungen für meine Ausstellungen treffen; es waren nicht selten fünf oder sechs nacheinander auf verschiedenen Kontinenten. Manchmal verließ ich mein kleines Inselparadies für Wochen oder Monate, um meine Arbeiten auf Ausstellungseröffnungen zu präsentieren, Journalisten, Kuratoren und Manager meiner Agentur zu treffen, und über neue Projekte zu verhandeln.

Die nächsten Wochen waren ein Albtraum. Natürlich kam *er* nicht am nächsten Tag. Es war nicht möglich, ihn ans Telefon zu bekommen. Ich rief an. Und an. Und wieder an. Ich sprach mit seiner Frau, seiner Mutter, seinen Brüdern und Schwestern, seiner Nichte, seiner Cousine, seinem Schwager und mit jedem seiner fünf Kinder mehrmals. Alle versprachen, daß *er* in zehn Minuten zurückrufen würde. Als ich ihn dann endlich erreichte, erzählte *er* mir irgendeine faule, technische Ausrede, die ich nicht verstand. Und immer wieder, daß *er* natürlich nicht schuld sei. Schuld an der ganzen Sache seien seine Geschäftspartner, die alle »fucking people« wären. *Er* beschwerte sich nahezu eine Stunde lang über sie, bis ich ihn endlich unterbrechen konnte.

Am nächsten Tag erschien *er* um zehn Uhr mit einem

älteren Mann, der sich als einer seiner Verwandten herausstellte. *Er* trug einige verrottete Kabel mit sich und etwas, das wie ein alter Fernseher aus einem Technikmuseum aussah. Sie überprüften stundenlang meine Leitungen, sprachen einen mir völlig unverständlichen Dialekt und tranken das gesamte Bier im Kühlschrank aus. Schließlich drohte ich, zur Konkurrenz zu gehen. *Er* entgegnete, es gebe keinen anderen Internet-Service auf der Insel, und bat mich geradezu inständig, ihm eine weitere Chance zu geben. Sonst sei *er* so tief verletzt, daß *er* nie in seinem Leben seinen Seelenfrieden wiederfinden würde.

Drei Tage später kehrte *er* mit drei riesigen Kerlen zurück, die Türsteher oder Matrosen hätten sein können. Diese Herren hätten, wie *er* umschweifend erklärte, extra den Weg vom Festland zur Insel gemacht, um mein Problem zu lösen und seinen Stolz zu retten. Sie schienen ein bißchen mehr Ahnung zu haben als sein älterer Verwandter, der, wie *er* später zugab, Mechaniker der staatlichen Eisenbahn im Ruhestand war. Als erstes setzten sich die drei riesigen Männer an den Küchentisch und verlangten Espresso. Nach dreien pro Person schauten sie plötzlich alle gleichzeitig auf ihre Armbanduhren. Zwölf Uhr, also Zeit zum Mittagessen. *Er* führte uns in ein Restaurant, dessen Inhaber *er* kannte. Es dauerte beinahe drei Stunden, bis wir die sechs Gänge zu uns genommen hatten. *Er* lud uns alle großzügig ein und betonte das ausdrücklich. *Er* bezahlte jedoch kein Geld. Wahrscheinlich versprach *er* dem Restaurantbesitzer eine kostenlose Homepage. Zurück in meinem kleinen Paradies ließen sich die drei riesigen Männer auf den Fußboden fallen, und *er* fragte, ob sich auf mein Bett legen könne. Zeit für Siesta. Nach eineinhalb Stunden Ruhepause begannen sie schließlich mit ihrer Arbeit. Um es kurz zu machen, um Mitternacht schienen meine Träume endlich Wirklichkeit zu werden: Meine Verbindung zur Welt funktionierte! Für dreißig Sekunden. Dann brach alles zusammen. *Er* und seine drei Spezialisten ließen mich mit einer nackten Frau auf meinem Bildschirm zurück, die ich nicht löschen konnte. Tagelang konnte ich nicht arbeiten. Jedes

Mal, wenn ich den Computer anschaltete, schaute mich diese junge Blondine mit ihren riesigen Brüsten an. Kein anderes Programm funktionierte. Nach stundenlangen Diskussionen gab *er* schließlich zu, daß es seit kurzem noch eine zweite Internet-Firma gebe. Mit dem neuen Provider war alles ein wenig einfacher. Zu guter Letzt gelang es denen, mich von der verzweifelt schauenden blonden Lady mit ihrem überdimensionalen Busen auf meinem Bildschirm zu befreien und mich online zu schalten. – *Er* war nicht mehr mein Internet-Provider, aber wir wurden Freunde, *er* und ich.

Nachdem ich die richtigen Verbindungen hatte, schien alles in Ordnung zu sein. Für eine Weile. Ich begann mich in meinem kleinen Paradies sehr wohl zu fühlen. Oft ging ich in die tausend Fuß entfernte Bar und genoß dort mit meinen Nachbarn den besten Kaffee der Welt, den für die Gegend typischen, schwarz gebrannten Espresso, in dem der Löffel stand. Abends auch mal einen Drink. Dort traf ich meinen Vermieter, den Postboten, und viele andere Einheimische: den Busfahrer, den Gasmann, junge Frauen, die in den Hotels und Banken arbeiteten, und alte Männer mit zerfurchten Gesichtern, vom Wetter und vom Leben gezeichnet. Einer von ihnen verkaufte mir fünf Liter seines erst ungewohnt, aber dann großartig schmeckenden, selbst gekelterten Weins für fünf Dollar und zeigte mir später seinen verborgenen Weinkeller in einer Tuffsteinhöhle. Die Leute waren reizend zu mir, nahezu unschuldig und unverdorben. Verglichen mit amerikanischen Großstädten war es ein sicherer Ort ohne nennenswerte Verbrechen oder Gefahren. Natürlich gab es einige Schmalspurganoven, die versuchten, sich hier und da ein paar Dollar zu ergaunern. Sie verlangten reichlich überteuerte Preise, solange sie einen für einen Touristen hielten. Aber sobald sie herausfanden, daß man regelmäßig kam oder auf der Insel wohnte, war es genau umgekehrt. Sie wurden sehr großzügig und boten alle möglichen Sachen an, ohne dafür Geld zu verlangen, obwohl sie es eigentlich verdient und wahrscheinlich auch dringend gebraucht hätten.

Die einzige unrühmliche Ausnahme waren die Taxifahrer. Sie nahmen auf nichts und niemanden Rücksicht und kannten kein Erbarmen. Ihre sogenannten Micro-Taxis waren nichts anderes als dreirädrige Vespas, die bis zu sechs Personen transportieren konnten. Der Fahrer saß vorne in einem winzigen Blechcockpit, die Gäste hinten auf zwei Gartenbänken. Fenster und Türen bestanden aus Markisenstoff, das Dach aus Wellblech. Sie machten einen höllischen Lärm und stanken unglaublich. Meines Wissens gibt es nur zwei Orte auf der Welt, wo die Taxis genauso teuer sind: Cannes und Tokio. Dort wird man wenigstens in vernünftigen Autos befördert. Die Micro-Taxifahrer der Insel waren mit den ohnehin horrenden Preisen noch lange nicht zufrieden. Sie verlangten außerdem noch Zuschläge. Dies war angeblich zulässig laut dem schwarz auf weiß, in drei Sprachen präsentierten Tarifschild. Sie forderten einen Aufpreis für jede Person und jedes Gepäckstück. Jeder der unzähligen Feiertage und Nächte wurde doppelt berechnet, die Fahrt zum Hafen dreifach. Für den Preis, den sie mir anfangs für eine Fahrt mit drei Personen plus Gepäck an einem Sonntagabend zur Fähre berechnet hatten, hätte man leicht von Manhattan aus in jede Stadt in New Jersey fahren können. Doch je länger ich auf der Insel wohnte, desto besser verstand ich dieses Phänomen. Früher war diese Insel vor allem eine Pirateninsel gewesen. Die merkwürdigen Männer waren die Nachfahren dieser Piraten. Die dicken, häßlichen Gestalten lebten nun an Land. Sie fuhren nicht mehr zur See, um Menschen auszurauben und zu töten. Diese unrasierten, transpirierenden Kerle verrichteten jetzt ein ehrliches Geschäft und nutzten hier und da ihren Vorteil ein wenig aus. Mit gutem Grund kann man die Dinge auch anders sehen und hier eines der erfolgreichsten Resozialisierungsprogramme in der Geschichte der Seefahrt beobachten.

Er hatte absolut recht. Mein kleines Paradies war alles andere als der ideale Ort. Der Sommer hatte gerade begonnen, und die Nächte wurden sehr laut. Die kleine Straße, die hinter meinem Haus noch schmaler und kurvenreicher wurde, führte zu einem Restaurant, genannt »Das Stroh-dach«. Es entpuppte sich als eines der beliebtesten der Insel. Hier arbeiteten lediglich zwei Personen. Nur manchmal, wenn es sehr voll war, half die Frau des Besitzers mit. Man mußte in die Küche gehen und beim Koch seine Bestellung abgeben, während er das Essen zubereitete. Der Patron war ein sehr dunkler, fast arabisch aussehender Mann mit stoi-schem Gesichtsausdruck. Sein »Hallo« konnte man eigent-lich nicht als Begrüßung verstehen. Er lebte in seiner eige-nen Welt und konzentrierte sich nur auf die Zubereitung seiner Speisen. Er beherrschte die englische Sprache gut, doch wollte er sich nicht mit mir in meiner Muttersprache unterhalten. Er redete in seinem Dialekt. Die Bedienung ser-vierte ein absolut exzellentes Essen und knallte einem den Teller geradezu auf den Tisch. Sie war sehr dünn, rannte rasend schnell überall herum, hatte die Inselversion eines grüngefärbten Sinéad-O'Connor-Haarschnitts und Plateau-sohlen, drei Inch hoch. Sie war Mitte fünfzig. Die Antipasti frutti di mare waren unschlagbar und immer tagesfrisch. Die Spaghetti Vongole waren ein perfektes Gedicht aus dem Bouquet des Weines und dem Geschmack des Ozeans. Die gegrillte Fischplatte war ein Beweis dafür, daß Gott wirk-lich existierte. Die Einheimischen wußten dieses Essen zu schätzen, und jeden Abend war das Restaurant bis auf den letzten Platz belegt. So auch im Winter, wenn die übrigen Lokale schließen mußten, da kaum Touristen auf der Insel waren. Nachdem man dem mürrisch dreinblickenden Koch seine Wünsche mitgeteilt hatte, war es unmöglich, die Auf-merksamkeit der rotierenden Bedienung zu erlangen, um eine weitere Bestellung aufzugeben. Vor dem Morgengrau-en die Rechnung zu verlangen war zwecklos. Ich ging ein-fach immer in die Küche und gab dem Koch, was ich für einen angemessenen Preis hielt. Es war mit Sicherheit mehr, als die anderen bezahlten. Obwohl man in diesem Land als Gast eine Strafe zahlen mußte, wenn man keinen Beleg vor-weisen konnte, bekam man hier niemals eine Quittung. Wenn man dem Koch ein gutes Trinkgeld gab, was ich immer tat, geschah manchmal ein kleines Wunder: Man konnte in seinem Gesicht eine minimale Regung erkennen, die beinahe als Lächeln zu interpretieren war. Alle Jahre wieder sagte er sogar einmal »Good bye«.

Während der Hochsaison strömten die Leute gegen zehn, elf oder manchmal auch erst gegen zwölf in das Restaurant und verließen es meistens nicht vor fünf Uhr morgens. Sie kamen alle an meinem kleinen Haus vorbei. Wie die Verrückten fuhren sie die kleine Straße entlang, schalteten genau in der Kurve vor meinem Haus die Gänge runter, quietschten mit den Bremsen und garnierten den schon unglaublichen Lärm noch mit einem dreistimmigen Hupton.

Freunde, die bei mir zu Besuch waren, dachten, es sei unmöglich, an einem solchen Ort zu leben. Es machte mir nichts aus. Es amüsierte mich vielmehr. Die Insulaner amüsierten sich auf ihre und ich mich auf meine Art. Ich nahm die Geräusche mit einem speziellen Setup aus acht Mikrophonen auf. Außerdem machte ich jeden Abend Fotos und Videos. Es bereitete mir großen Spaß, die Gesichter der nächtlichen Ruhestörer zu sehen, wenn ich sie mit Blitzlicht fotografierte, oder wenn sie später draufkamen, gefilmt worden zu sein. Einige von ihnen dachten, ich sei Polizist, und hielten an, um alle möglichen Entschuldigungen und Erklärungen von sich zu geben. Ich nahm alles auf Video auf.

Der zweite Satz, den *er* sagte, als ich ihn das erste Mal in meinem Leben traf, war absolut wahr und eine schmerzhafte Erkenntnis für mich. Mein kleines paradiesisches Haus hatte buchstäblich keine Sonne von Anfang November bis Ende März, die Dunkelheit und Kälte im Winter waren schier unerträglich. »Impossible live in this house in the winter. I told you. The price fucking too high and the house no good. You don't believe me. I told you. I have connection to beautiful house. Much better. Beautiful, beautiful. The most beautiful house in the world. You cannot imagine. Maybe possible to get for you. I will see.« Es stellte sich heraus, daß die Wohnung über seinem Restaurant zum Ende der Saison frei wurde, und *er* machte mich mit dem Vermieter bekannt, der Arzt und Klinikchef der Inselhauptstadt war. *Er* hatte nicht gelogen. Mein neues Zuhause war absolut wunderbar. Es war kein normales Haus. Es war eine halbe Villa, ein altes herrschaftliches Wohnhaus. Hinter dem Haus thronte der Epomeo, der 2400 Fuß hohe Vulkan der Insel, wo ein Einsiedler lebte. Vorne hatte man den großartigsten Meerblick, den man sich vorstellen kann. Der Garten bestand aus fünfzig Jahrhunderte alten Olivenbäumen. Meine Villa hatte eine perfekte Südwestlage und den ganzen Tag Sonne, im Sommer wie im Winter. Die Räume waren mehr als großzügig, die Decken hoch und die beiden Terrassen fast so groß wie die ganze Wohnung. Eine Thermalquelle sprudelte auf dem Grundstück, auf der hinteren Terrasse konnte ich ein warmes Bad nehmen, was meinen Knochen guttat. Es gab keinen Mietvertrag. Die Übereinkunft wurde per Handschlag besiegelt. Die Telefon-, Wasser- und Gasrechnung lief auf den Namen des Vermieters. Offiziell existierte ich gar nicht als Mieter. Mir war es recht, daß der Fiskus dieses Landes nichts von meiner Anwesenheit wußte. Einmal im Jahr ging ich zu meinem Vermieter und brachte ihm einen Koffer voller Geld, um die Miete im voraus zu bezahlen.

Es gab nur ein kleines Problem mit dem Haus. Ich hatte nur eine Hälfte der Villa gemietet, den ersten Stock. Unten war das »Ristorante Dizzy – Pizzeria – Birreria – American Bar – Kaffee Terrasse & Musica«. Es war sein Restaurant und wurde hauptsächlich von Leuten besucht, die *er* mehr oder weniger kannte. *Er* begrüßte jeden herzlich, umarmte alle seine Gäste wie Freunde, lud sie zu einem Drink auf Kosten des Hauses ein und hielt seine bekannten Monologe. *Er* nahm fast nie Geld. Erst hatte *er* zwei Geschäftspartner gehabt, die das Unternehmen jedoch sehr schnell wieder verlassen hatten. *Er* beschrieb sie als »fucking people«, die nur in ihre eigene Tasche gewirtschaftet hätten. Jetzt hatte *er* nur noch zwei polnische Kellnerinnen, die ihn im Restaurant unterstützen sollten. Das war keine leichte Aufgabe. Manchmal kam der Pizza-Mann, manchmal nicht. Entweder unterhielt *er* vorne seine Gäste oder verschwand manchmal für Stunden im Hinterzimmer. Dort rauchte *er* erst mal mit Freunden einen Joint. *Er* behielt ihn eine halbe Stunde in der Hand, zugleich rauchend, redend, seine Lebensweisheiten austeilend. Wenn junge Mädchen da waren, machte *er* den Pfau. Wenn viel los war, schmissen mehr oder weniger die Gäste selbst den Laden. Ihnen blieb nichts anderes übrig. Sie zapften Bier, kochten Spaghetti, holten von den nahe gelegenen Hotels Toilettenpapier. Manchmal versuchten sie sogar, von den übrigen Gästen das Geld für ihn einzutreiben.

Bald hatte *er* überhaupt nichts mehr in der Kasse zu bezahlen. Wie bei mir liefen seine Rechnungen für Wasser, Strom und Gas auf den Namen des Vermieters. *Er* hat nie einen Pfennig bezahlt. So tauchte der Gerichtsvollzieher schließlich in der Klinik des Vermieters auf und beschlagnahmte die Sauerstoffgeräte, die Röntgenausrüstung und die Herz-Lungen-Maschine. Der Klinikchef reichte im Gegenzug den jährlichen Scheck für die Jahresmiete, den er erst am Jahresende hätte einlösen sollen, umgehend bei der Bank ein. Der Scheck war nicht gedeckt. Das galt als strafbare Handlung. Folglich verlor *er* seine Kreditwürde. Die Dinge wuchsen ihm langsam über den Kopf. »Fucking people. They don't give me a chance to find money. They don't understand what I give them. End of season I sell restaurant. No more. I am finished with it. I will close. For sure.«

Am Ende des Sommers mußte ich die Insel für eine ganze Weile verlassen, um meine alte Mutter in Palm Springs zu besuchen. Als ich mich von ihm mit dem ortsüblichen Bruderkuß verabschiedete, sagte *er* mir, *er* werde in die Kirche von San Michele beichten gehen, was mich sehr erstaunte. Im Anschluß an den Besuch in Kalifornien machte ich meine Museumstour, die in Japan endete. Dort stellte ich die Installation »Artist Island Traffic Jam« vor. In der Presse war zu lesen, ich hätte das Ausgangsmaterial auf der weltberühmten Schwesterinsel aufgenommen. Aus Marketinggründen bestanden die Manager meiner Agentur auf dieser Behauptung und dem Titel. Die Geräusche, die ich vor meinem ersten Haus aufgenommen hatte, wurden geloopt und elektronisch verfremdet. Es entstand eine scheinbar endlose, Verdi-ähnliche Electric-Dub-Ouvertüre. So wurde es jedenfalls dann von der Kritik genannt. Zweiunddreißig Projektoren zeigten meine unzähligen Dias von den verschreckten nächtlichen Ruhestörern. Vier Monitore mit den Entschuldigungen und Kommentaren der Verkehrssünder wurden in Micro-Taxis installiert, die vertikal an der Decke befestigt waren und über den Köpfen der Museumsbesucher kreisten. Für den Eröffnungsabend im Hara-Museum in Tokio bat man die Gäste, vorher Badehose oder Badeanzug anzuziehen und ihre übrige Kleidung an der Garderobe zu hinterlassen. Es gab vier Eingänge. Zwei für Männer, zwei für Frauen. Jeder nahm zuerst eine Dusche und bekam ein Handtuch mit der Abbildung eines grinsend Micro-Taxifahrers, der einem Sumo-Ringer ähnlich sah, sowie Messer und Gabel. Um zur Ausstellung zu gelangen, mußten die Leute eine Art Schleuse passieren und standen schließlich bis zum Bauchnabel in Spaghetti Vongole. Diese wurden von den zehn besten Köchen der berühmten kleinen Schwesterinsel zubereitet, die extra für dieses Event von dem Nudel-Sponsor De Cecco eingeflogen worden waren. Die Japaner liebten es. Sie lachten stundenlang und meinten, es sei das großartigste Ereignis in Japan seit der Expo in Osaka 1970. Die amerikanischen Kritiker haßten mich. Sie nannten mich einen geschmacklosen Rassisten und erinnerten an die hungernden Kinder der Welt. Es wurde mein umstrittenstes und zugleich erfolgreichstes Werk. Der Taschen-Verlag veröffentlichte einen Docu-Combination-Pack, bestehend aus Buch, CD und Video. Das Werk verkaufte sich über 500 000 Mal, die Hälfte davon in Japan.

Als ich zu Beginn des Jahres auf die Insel zurückkehrte, schienen sich einige Dinge in seinem Leben geändert zu haben. *Er* hatte abgenommen und trieb jeden Morgen Sport, völlig untypisch für ihn. Als ich ihn besuchte und sein Haus betrat, eine große, pompeji-rot gestrichene Villa nahe Punta Visconti, deuteten mir seine Frau und drei seiner Töchter mit Handzeichen an, *er* sitze im Keller. Ich werde diesen Anblick nie vergessen. *Er* saß auf einem Stuhl neben der Steckdose und hatte etwas auf dem Kopf, das wie eine Kappe mit Löchern aussah. Es erinnerte mich an diese Helme, die geistig Behinderte tragen, um sich vor Kopfverletzungen zu schützen. Das Ding auf seinem Kopf war eine Art elektronischer Apparat, der das Geräusch eines alten Kühlschranks in einer heißen Sommernacht machte. *Er* mußte meinen erstaunten Gesichtsausdruck bemerkt haben und begrüßte mich mit den Worten: »It's for to get more hair. Machine can do miracles. New invasion from America.«

Es wurde Frühling. Um genau zu sein, eher Ende des Winters, aber der Frühling lag bereits in der Luft. Die Feuchtigkeit war immer noch sehr hoch und in Kombination mit dem eiskalten Wind unerträglich. Es schneite nie auf meinem kleinen Inselparadies. Aber die Winter waren kälter und unangenehmer, als man es von einer mediterranen Insel erwartete. Wenn die Sonne gegen Mittag einmal hervorkam, erwärmte sie die Autos jedoch schon innerhalb kurzer Zeit. So stark, daß man beim Türöffnen der Frühlingswärme begegnete und später während der Fahrt ins Schwitzen kam. Begegnungen der angenehmen Art folgten jedoch immer wieder Wolken und Regenschauer. Plötzlich, wenn die Sonne dann wieder zum Vorschein kam, war ihre Kraft so stark, daß alle spürten, sie würde sich bald durchsetzen. So hatte jeder das Gefühl, es sei schon Frühling, den sich ohnehin alle herbeisehnten.

Er sagte, *er* wolle mich gegen Abend abholen. Ich dachte, *er* käme allein. *Er* kam mit einem brandneuen weißen Mercedes und einer polnischen Blondine. Sie saß auf dem Beifahrersitz. Sie sah so jung aus, daß ich ihn schon mit einem Bein im Gefängnis sah. Ohne ein Wort zu sagen, schaute *er* sie eindringlich an. Langsam und widerwillig rutschte sie auf den Rücksitz. *Er* winkte mir zu, ich setzte mich neben ihn, und *er* zündete sich einen Joint an.

Wir fuhren nach Port – so wurde die kleine Inselhauptstadt genannt. Wir fuhren nicht, wir flogen. *Er* testete die Grenzen seines neuen Spielzeugs aus, beschleunigte in den Kurven, ignorierte jedes Stoppschild, riskierte die waghalsigsten Überholmanöver und gefährdete unser aller Leben.

Ich hatte Todesangst, obwohl ich wußte, daß *er* zwei Dinge wirklich gut konnte: Pizza backen und Auto fahren. Mit Pizzabacken hatte *er* sich durchschlagen müssen, nachdem sein Vater gestorben war. *Er* war neun Jahre alt. Sie stellten ihm einen Stuhl vor den Ofen. Mit vierzehn fuhr *er* im ganzen Land Motor-Cross-Rennen. Das brachte mehr Geld ein. »I was stupid«, sagte *er* einmal zu mir. »I was too young.« Bei genauem Hinsehen sah man, daß *er* hinkte. Es war der einzige Unfall, den *er* bis dahin in seinem Leben hatte. *Er* beherrschte diese Straße wie keine andere. Nach dreißig Jahren kannte *er* jeden Busch, jeden Baum, jeden Millimeter. »Es gibt keinen Grund, sich Sorgen zu machen«, sagte ich zu mir, als wir schon zehn Minuten im Restaurant saßen. Ich zitterte immer noch.

»It's springtime. I love girls when they are very young. When they blossom. Primavera. It make me crazy. Smell like perfume. Fresh taste. She is perfect for me. Make me forget everything. She is sixteen this month. Take my problem away.« Sie sprach kein Wort Englisch, beachtete mich überhaupt nicht und starrte gelangweilt ins Nichts. Ich lud sie beide in ein feines, ausgezeichnetes Restaurant ein – »Skipper«, hier gefiel es mir am besten. Es lag am Hafen, der ein wenig an San Tropez erinnerte. Der Hafen war ursprünglich ein Krater und wurde erst im letzten Jahrhundert ans Meer angeschlossen. Wir bekamen den besten Tisch. Im Restaurant saß man wie im Innern eines Segelbootes. An den Wänden hingen nautische Geräte, der Fußboden bestand aus Schiffsparkett, im Hintergrund amerikanische Musik der fünfziger Jahre: Louis Jordans »This Chick Is Too Young to Fry«. Drei Kellner in Anzügen wie Kapitänsuniformen bedienten uns zuvorkommend. Sie empfahlen diverse Aperitifs, Vorspeisen, einen Pastagang bestehend aus Spaghetti Vongole, ein Zwischengericht, präsentierten die Weinkarte und kündigten an, später noch die Dessertkarte zu bringen. Sie freuten sich, mich wiederzusehen. Doch vor allem waren sie von dem jungen Mädchen begeistert. Es war das Ende des Winters, und sie hatten schon lange keine blonden Touristinnen mehr gesehen. Sie hofierten sie regelrecht. Sie holten einen lebendigen Hummer aus der Küche, um ihn ihr später mit Spaghetti zu servieren. Sie sah gelangweilt aus. »She only eat pizza and drink Coca-Cola. She say Polish food much better.« Die Kellner nahmen ihr mit verständnisvollem Lächeln wie einem Kind die Speisekarte ab und brachten ihr später eine Pizza aus einem der nahe gelegenen Restaurants. Wir bestellten ein Fünf-Gänge-Menü. *Er* bestand darauf, in die Küche zu gehen, um den Fisch und alle Meerestiere zu inspizieren. Mit Fisch kannte *er* sich aus. Im Sommer grillten wir oft die Schätze, die *er* aus dem Meer geholt hatte. *Er* angelte nicht und fuhr auch nicht mit dem Boot und Fischernetzen hinaus, wie es alle anderen taten. Nur mit einem Messer in der Hand ging *er* nahe Punta Visconti ins Meer. *Er* schnitt Muscheln und Schnecken vom Riff, tauchte ohne Maske fünfzig Fuß in die Tiefe und öffnete die Augen, um den Tintenfisch zu finden, den *er* fangen und mit seinem Messer erlegen würde. Manchmal verabschiedete *er* sich: »I go swim with the fish.« Mit einem Gegenstand, einer Kreuzung aus Harpune und Schwert, ging *er* ins Wasser. *Er* verließ die Küste der Insel für Stunden, um nach den großen Fischschwärmen zu suchen. *Er* mischte sich unter sie, ahmte ihre Bewegungen nach, so daß sie dachten, *er* sei einer von ihnen. Dann benutzte *er* sein Schwert und machte Beute. *Er* kehrte nie mit weniger als einem großen Schwertfisch oder einem drei Fuß langen Thunfisch zurück.

»Took AIDS test for her. I say its law for restaurant. So I can be sure. I don't like joke with condom. I'm ecologist. I hate plastic. I love unspoiled nature.« *Er* hatte sie, kurz nachdem ich zu meiner Museumstour aufgebrochen war, mehr oder weniger durch den Priester in San Michele kennengelernt. San Michele war ein außergewöhnlich schön gelegenes ehemaliges Fischerdorf, wo es keine Autos gab. Der Priester hatte ein Haus in dem kleinen Bergdorf Paranza und beherbergte dort aus humanitären Gründen illegale polnische Immigranten. Sie waren streng gläubig und suchten daher unmittelbar nach ihrer Ankunft auf der Insel seine Kirche auf, um Beistand zu finden. Der Priester brachte sie zu fünft in einem der Zimmer seines Hauses unter und verlangte von jedem fünf Dollar pro Nacht dafür. Dort waren sie sicher, in diesem Land würde die Polizei nämlich niemals das Haus eines Priesters durchsuchen. Nachdem *er* seine Pro-forma-Beichte abgelegt hatte, plauderte *er* mit dem Priester. Es sei kein Problem für ihn, seinen Glaubensbrüdern und -schwestern Arbeit zu beschaffen. Zuerst sprach *er* freundlich mit Frauen mittleren Alters, die Arbeit in einem Hotel suchten. *Er* war sehr charmant, scherzte und schmeichelte ihnen. Aber *er* war nur an ihren Töchtern interessiert. Die hübschesten stellte *er* später als Kellnerinnen in seinem Restaurant ein. So lernte *er* die polnische Blondine kennen. *Er* zeigte sie in all den kleinen Orten der Insel herum, ging mit ihr in Cafés und Discos und stellte sie seinen Freunden vor. *Er* war stolz, eine solch junge und attraktive Frau bei sich zu haben, und gab mit ihr an. Die ganze Insel wußte Bescheid. Schließlich rief seine Mutter bei seiner Frau an und forderte sie auf, dem Kinderspiel ein Ende zu machen. Seine Mutter verstand etwas von Ehemännern. Sie war dreimal verheiratet gewesen. Seine Frau hatte von den Gerüchten bereits gehört, ignorierte sie aber, so gut es ging. Sie war eine großartige Person. Sie stammte aus der Schweiz, hatte eine amerikanische Schule besucht und sprach ausgezeichnetes Englisch. Ihr Vater hatte für die Rüstungsindustrie gearbeitet. Ihr Großvater war Bankdirektor und dem Hörensagen nach durch den Handel mit Nazi-Gold und jüdischen Vermögen reich geworden. Ihre Eltern kauften ein Ferienhaus auf der Insel zu einer Zeit, als man noch mit einem angeheuerten Fischerboot übersetzen mußte. Sie kannte alles von Kindesbeinen an und sprach den für die Gegend typischen Dialekt. Sie verliebten sich ineinander, als sie fünfzehn waren. Zu jener Zeit war *er* der angesagteste Discjockey der Insel, und sie wurde ständig mit seinen Affären konfrontiert. Als ihre erste Tochter zur Welt kam, heirateten sie. Ihr Vater konnte nicht fassen, was für einen Schwiegersohn er bekam. Er enterbte seine Tochter auf der Stelle und starb kurze Zeit später verbittert. Sie erbte lediglich das Familienhaus von ihrer Mutter. Während meiner Abwesenheit wurde es verkauft.

Statt dessen erwarb seine Frau eine kleinere Wohnung in Zürich. *Er* riß sich das restliche Geld unter den Nagel und kaufte sich davon den weißen Mercedes, mit dem *er* die polnische Blondine beeindruckte.

»I told the old cleaning woman you don't want anymore. Was from bad family. New lady much nicer. You will see. Will be surprise for you.« Meine alte Putzfrau war eine Cousine des Postboten, von dem ich mein erstes Haus gemietet hatte. Sie war nicht gerade die beste Putzfrau, die ich jemals hatte, aber ich hatte mich an sie gewöhnt. *Er* war mein Freund. Ich konnte also nichts dagegen sagen, obwohl ich von seinem Schachzug alles andere als begeistert war. In Zeitlupe stieg die neue Putzfrau die Stufen zu meiner Wohnung hinauf. Eine Zigarette hing schräg in ihrem Mundwinkel. Die Asche fiel in regelmäßigen Abständen auf den Boden. Es war die polnische Blondine. Ihr Gesichtsausdruck vor einigen Tagen im Restaurant war freundlich und fröhlich gewesen, verglichen mit ihrer Miene jetzt.

Sie sah mich an, als ob ich sie notschlachten wollte. Was nun folgte, konnte man beim besten Willen nicht als Putzen bezeichnen, vielmehr als eine archaische Götterbeschwörung mit Putzeimer, Besen, Lappen und einer trüben Flüssigkeit. Am Ende des depressiven Tanzes war der Boden meiner Wohnung mit einem klebrigen Schmutzfilm überzogen. Sie benutzte die Toilettenbürste, um meine Terrasse zu fegen. Sie steckte meine saubere Wäsche in den Geschirrspüler, die dreckige in den Kleiderschrank. Sie hielt die Tiefkühltruhe für den besten Ort zur Aufbewahrung meiner Kollektion alter Bordeauxflaschen. Sie stellte meine Blumen in die Mikrowelle und goß meine Bücher. Ich mußte es hinnehmen. Ich war es ihm schuldig. Ihm verdankte ich schließlich mein zweites Inselparadies. Von nun an war sie meine Nachbarin und lebte in einem der Hinterzimmer des Restaurants. *Er* hatte bei der Ehre seiner Mutter geschworen, das Restaurant für immer zu schließen. Doch der »Dizzy Club« eröffnete zu Beginn der neuen Saison wieder. Dort arbeitete nur eine Bedienung, die polnische Blondine. Sonst niemand.

Der »Dizzy Club« war unregelmäßig geöffnet, meist nur am Wochenende. Die Stammgäste waren die gleichen wie im letzten Jahr, nur weniger. Das Hinterzimmerritual spielte sich nach wie vor ab. Es gab jedoch einige neue Varianten. Mindestens dreimal pro Abend sagte *er* zu seinen Gästen: »Excuse me I have to pump«, winkte die Blondine zu sich und verschwand mit ihr in einem Hinterzimmer. Sie kam nach zehn Minuten zurück. *Er* brauchte meist etwas länger, bis *er* seine Gäste wieder mit seinen bekannten Monologen unterhielt. Mit engen Freunden ging *er* in ein anderes Hinterzimmer. »I have to show something. You never see before. You will be sensationed.« *Er* nahm ein Lederetui aus seiner Jacke, das *er* langsam aufrollte. Dabei schaute *er* alle Anwesenden bedeutungsvoll mit großen Augen an, als ob es sich um einen sakralen Akt handeln würde. Zum Vorschein kamen eine ganze Reihe von Rolexuhren, die *er* verkaufen wollte. Angeblich hatte *er* sie in der Schweiz erworben. Darunter waren einige seltene Exemplare aus den 20er und 30er Jahren. *Er* war sehr stolz darauf.

Ich verließ die Szene gelegentlich, um einen kleinen Ausflug zu der von mir weniger geliebten, aber berühmteren kleinen Insel-Schwester zu machen. Man durfte ihr nicht unrecht tun. Sie hatte auch ihre Reize. Ich blieb jedoch nicht länger als eine Nacht. Wie sagten doch die Einheimischen: »Unsere Insel ist die Ehefrau. Die kleine dort drüben die teure Geliebte.« Sie hatte viele steinreiche Freunde, die aber an der Bedeutungslosigkeit ihres Geldes und am Mangel an Wahrhaftigkeit in ihrem Leben litten. Sie konnten sich hier teuer einkaufen, um ihr Stück vom Kuchen zu bekommen, gebacken aus europäischer Geschichte, vordergründiger Hipness und trendiger Gegenwart. Es war ein erstklassiger Ort für Leute mit Liebe zum Sehen-und-gesehen-werden-Spiel. Die Insel war ein Markenartikel und ein begehrtes Ziel für Flitterwochen aller Jahrgänge. Die Modezaren hatten dort ihre Tempel.

Es bereitete mir Vergnügen, am Abend die Szene an der pittoresken kleinen Piazza zu beobachten. Vor allem amüsierte es mich, wie die jungen Möchtegern-Models und

-Schauspielerinnen und die älteren Kerle miteinander in der Hoffnung anbändelten, durch den anderen die Erfüllung ihrer Träume zu finden. Alle wollten, daß die Schönheit der Insel mit ihren beeindruckenden Klippen, atemberaubenden Aussichten, ihrer unglaublichen Gebäudevielfalt vergangener Epochen, dem smaragdfarbenen Wasser und der im Meer versinkenden Campari-Orange-Sonne für immer Teil ihres Lebens bleiben würde.

An einem Samstagabend kehrte ich in mein kleines Inselparadies zurück. Das Restaurant war geöffnet, einige der üblichen Verdächtigen anwesend. Ich ging hinauf in meine Wohnung, um in dieser heißen Sommernacht auf meiner Terrasse zu sitzen. Plötzlich hörte ich Sirenen und sah Blaulicht an der Einfahrt zum Grundstück. Fünf Polizeiwagen hielten auf dem Parkplatz. Es entstand eine unglaubliche Aufregung. Fünfzehn Polizisten auf der einen Seite, *er* auf der anderen. Sie stritten lauthals, ein Handgemenge entstand. Fünf Polizisten ergriffen ihn am Arm, aber *er* stieß sie weg und blieb dann reglos stehen; die Polizisten fixierten ihn. Die anderen Ordnungshüter durchsuchten das Restaurant und kamen mit der polnischen Blondine zurück. Sie legten ihr Handschellen an, setzten sie in ein Polizeiauto und fuhren mit ihr davon. *Er* bekam einen Wutanfall und schrie ihnen nach. Dann brach *er* tränenüberströmt zusammen und blieb am Boden liegen.

Später erfuhr ich, daß eine seiner ehemaligen polnischen Kellnerinnen jetzt für ein anderes Restaurant arbeitete und inzwischen die Geliebte ihres neuen Chefs war. *Er*, ihr alter Arbeitgeber, schuldete ihr noch Geld und zahlte aber nicht. An ihrem letzten Arbeitstag bei ihm war sie, während seiner Abwesenheit, mit fünf polnischen Freunden in den »Dizzy Club« gekommen. Als sie wieder gingen, waren alle Wodkaflaschen geleert und die Toilette demontiert. Ein alter Klassenkamerad ihres neuen Chefs und Liebhabers war der Polizei-Boss. An diesen ging der Tip, im »Dizzy Club« sei eine polnische Bedienung illegal beschäftigt, was nahezu in jedem Restaurant auf der Insel der Fall war. Der Polizei-Boss übernahm die Rache für den alten Kameraden.

Eine Woche war sie im Gefängnis. Dann holte *er* sie raus. Ein alter Spielkamerad aus seiner Heimatstadt Port war jetzt einer der einflußreichsten Anwälte. Nach dem Gesetz konnten in diesem Land illegale Immigranten nicht sofort ausgewiesen werden. *Er* tat alles für die polnische Blondine. In den folgenden Jahren verschaffte *er* ihr sogar einen Paß, wie auch immer ihm das gelungen sein mag.

Ich saß auf meiner Terrasse und sah den weißen Mercedes in die Einfahrt fahren. *Er* ging in den »Dizzy Club«. Offensichtlich war sie nicht da. *Er* fragte, ob ich eine kleine Spritztour mit ihm machen wolle. In seinem Auto lagen Dutzende Tüten mit Stiften und Büroartikeln. *Er* suchte die polnische Blondine. *Er* war der Überzeugung, sie hätte noch einen anderen Liebhaber. »I want use her, not her use me. The woman is terrible.« Wir fuhren in einem Affenzahn durch Gegenden und Gäßchen der Insel, die ich noch nie gesehen hatte. Die erste Stunde blieb *er* beim Thema. »I have two other women. You don't believe it. One from Bosnia. Is nice. But a little afraid. Don't understand. Other better. From Ethiopia. Many energy. Old colony of our country. She understand culture.« Wir fuhren hoch in die Berge, durchsuchten jeden Winkel kleiner Dörfer und Siedlungen, alle mir völlig unbekannt. Die zweite Stunde lamentierte *er* über die Umweltzerstörung. »When I was child, island was paradise. You have no idea. Now fucking people build houses everywhere. No nature any more. Everywhere big big bus with people Germany East no money. Terrible tourists. People destroy all. The man is parasite of earth.« Wir liefen durch die engen Gassen von San Michele und suchten sie in der Nähe der Kirche. Das Thema der letzten Stunde waren seine Kinder, mit denen *er* ständig unzufrieden sei, obwohl *er* sie so sehr liebe. »My son. Fifteen years old. I found joint yesterday. You can't imagine. My daughter. Seventeen years old. My wife say she joke with guy from Port. Thirty-five years old. If I see I kill him.«

Schließlich fuhren wir zu einem kleinen Schreibwarengeschäft. Dort arbeitete ein Mädchen, höchstens vierzehn Jahre alt, aber mit dem Körper einer reifen Frau. *Er* scherzte mit ihr und schaute sie mit großen Augen herausfordernd an, während *er* Büroklammern kaufte. »You see. Incredible. Primavera. Make me crazy. I think she like to pump.«

Als wir zurückkamen, saß die polnische Blondine im Hinterzimmer. Sie stritten wie immer laut, und ich ging nach oben.

»I yesterday heard water atomic. You must be very attention. If you too long in water, you can explode. Very dangerous.« Mein kleines Inselparadies wurde von dreihundert heißen Thermalquellen erwärmt. Wie man in jedem Touristenführer lesen konnte, waren die Quellen radioaktiv. Vielleicht war das der Grund, hier einen kleinen Tanz auf dem Vulkan aufzuführen. Marie Curie hatte eine radioaktive Substanz, die nur für wenige Stunden strahlt, während eines Besuches auf dieser Insel entdeckt und diese Radon genannt.

Der beste Monat, um die magischen Kräfte des heilenden Wassers zu genießen, war der Oktober, wenn es nicht mehr so heiß war, aber man immer noch baden konnte. Aber dieser Monat hatte auch einen großen Nachteil. In der Nebensaison wurde die Insel zum Deutschen Reich, oder besser gesagt, zur Kolonie des wiedervereinigten germanischen Imperiums. Da hatte *er* absolut Recht. Die Teutonen fielen regelrecht in mein kleines Inselparadies ein. Die steinalten Gestalten übernahmen die Besatzung ganz legal mit Hilfe von riesigen Reisebussen. Mit diesen panzerähnlichen Gefährten fuhren sie aus ihrer kalten Heimat längs durch Europa, setzten auf mein kleines Inselparadies über und blockierten dann jede Straße und jeden Parkplatz. In diesem Land gab es im Frühling einen Feiertag zum Gedenken der Befreiung von den Deutschen. Auf meinem kleinen Inselparadies war man aber noch nicht so weit. Die Einheimischen haßten die deutschen Low-Budget-Rentner. Sie behaupteten, die seien knauserig und bösartig. Sie versuchten mit allem und jedem zu handeln, weil sie ständig das Gefühl hätten, betrogen zu werden. Der Espresso kostete nur sechzig Cents, wenn man ihn an der Bar trank, was wirklich günstig war. Die Deutschen meinten aber, man würde sie über den Tisch ziehen und boten zwanzig. Sie marschierten in Einheiten von mindestens sechs Personen über die Insel und hielten dabei ihre Taschen fest. Drei Stunden vor der Öffnung der Thermalgärten standen sie bereits morgens um fünf Schlange, um hinterher mindestens zehn Liegestühle pro Person zu belegen. Näherte man sich ihrem Besatzungsgebiet, schlugen sie wild mit ihren Taschen um sich. Im Kampfeszorn bebten ihre Bäuche derart, daß man meterweit durch die Luft geschleudert worden wäre, wenn man sich zu nah an sie herangewagt hätte. Die Fußtruppen bestanden hauptsächlich aus Ossis und Süddeutschen, zur Verstärkung gesellten sich aber auch viele Österreicher und Schweizer dazu. In meinen Augen sahen sie alle gleich aus, ein und dasselbe Kraut. Für mich als gebürtigen Kalifornier war es nicht zu fassen, mit welchen miesepetrigen Gesichtern diese peniblen, grauen Papiertiger mein kleines Inselparadies besetzten. Wieso waren sie so mißmutig und so sauertöpfisch? Wer hatte ihnen etwas getan? Ich werde diese Deutschen nie verstehen. Ich mied ihre bevorzugten Sammelplätze. Vielleicht hat das etwas mit meinen Vorfahren zu tun.

Ein Jahr später machte *er* seine Ankündigung wahr und gab sein Restaurant in meinem Haus auf. Mein neuer Nachbar im Erdgeschoß war ein ehemaliger Micro-Taxifahrer. Er sah aus wie eine billige Kopie von Napoleon und plusterte sich auf. Seine Frau konnte kochen, also mußte es ein Nobelrestaurant sein. Noch bevor überhaupt geöffnet wurde, stand sein »Paradiesvogel« bereits mit drei Sternen im bekanntesten Restaurantführer. Die Preispolitik entsprach dem bewährten Prinzip des Micro-Taxigewerbes. Wochentags besuchte so gut wie kein Mensch das Restaurant, weil es Tiefkühlkost gab. Nur am Wochenende wurde frisch gekocht. Aber dann trauten sich die Inselbewohner nicht ins Restaurant, weil die Nobelkarossen der Clans vom Festland vor meinem Haus parkten. Die vielen Hinterzimmer kamen den Bedürfnissen der neuen Stammgäste sehr gelegen.

»Old Watches of Island« hieß sein neues Uhrengeschäft

in Port. Im Schaufenster waren nur die acht alten Uhren, die *er* schon früher im Hinterzimmer stolz präsentiert hatte. Sein Uhrenladen wurde genauso erfolgreich gemanagt wie vorher der »Dizzy Club«. Als ich zum ersten Mal in den Laden kam, hätte ich ohne weiteres alle Uhren mitnehmen können, weil die Verkäuferin mein Eintreten überhaupt nicht bemerkt hatte. Es war die polnische Blondine. Später wurde sie von seiner Mutter verjagt. Die alte Dame kam jeden Morgen mit dem Stock und trieb die polnische Blondine aus dem Geschäft. *Er* besorgte ihr danach eine Anstellung in einem Dessous-Laden, wo sie blieb, bis sie sich ausreichend eingekleidet hatte. Sie lief sehr aufreizend herum und machte mich mit Blicken an. Jetzt wohnte sie irgendwo in Port und hatte offensichtlich mehr Geld als früher. Ich hatte keine Ahnung, womit sie es verdiente.

Ungefähr um diese Zeit bot *er* mir keine Joints mehr an. Ich machte mir ernsthaft Sorgen. Hier hörte der Spaß auf. Weißes Pulver. Die Clans mit ihren schwarzen Limousinen verdienten gut daran. Ich hatte in den 80er Jahren in San Francisco gesehen, wo es enden konnte: gutgehende Firmen erklärten Bankrott, Ehen wurden zerstört, Babys geboren, die weder Arme noch Beine bewegen konnten, und viele meiner Freunde gingen vor die Hunde.

»Not me interesting. Never buy. Only sometimes use. When friends make offer. Impossible say no.« Ich lud ihn ins Restaurant »Skipper« ein und stellte ihn zur Rede. *Er* war etwas nervös, schnupfte fortwährend mit der Nase und ging ständig auf die Toilette. Die Kellner in ihren Kapitänsuniformen orderten ungefragt das beste Fünfgänge-Menü für uns in der Küche. *Er* rührte die Antipasti di mare, die die algerische Küchenhilfe an den Tisch brachte, kaum an. Statt dessen fragte *er* sie: »You want to be my fifth wife?« Die junge Frau lächelte gequält. »I am like Mussulman. Very good concept. Not only have one wife. Many wives.« Sie bemühte sich, weiterhin freundlich zu bleiben. Ich sah jedoch, wie sie die Augen verdrehte, als sie zurück in die Küche ging. *Er* redete auf mich ein. »It's wonderful. You wake up in the morning. See many naked women. One brings you coffee. Other one give you little massage. If sun is shining, you take another one. Move together slowly in the day.« Die Küchenhilfe ließ sich nicht mehr blicken. Statt dessen brachten die Kellner Gambaroni in Vino Bianco. »I like to have fifty children or more from many women. Every wife cook something different. You have choice. Which one you want to make love. After good spaghetti move is not so good. You pick best for petting.« Der nächste Gang bestand aus Spaghetti Vongole. *Er* stocherte darin herum, spielte mit den Nudeln und schob die Muscheln von rechts nach links, ohne eine Gabel zum Mund zu führen. »After vongole, cozze. Sea taste. You want something for the tongue. You know which one taste right. Younger or little older. Depends how fresh frutti di mare was.« Der Fisch wurde serviert. *Er* bestand darauf, ihn selbst für uns beide zu filetieren, was *er* immer noch kunstvoll konnte, aß hinterher jedoch keinen Bissen. »After siesta you go to Spiaggia dell' Isola. Make promotion. Find new young wife.« Die Matrosen-Kellner stellten Torta Caprese auf den Tisch. *Er* schob sein Stück Kuchen auf meinen Teller. »I eat too much – Mussulman best religion in the world. You see? I understand they don't like Americans.« *Er* bestellte Kaffee. Dann sprach ich: Es sei nicht zu verbergen, daß *er* ein paar Lines zuviel intus habe, und sagte ihm gehörig die Meinung. Die Kellner servierten *Caffè Passalacqua Harem light*. »You don't understand. We live for the moment.« Als *er* ging, verabschiedeten wir uns nicht wie sonst mit einer freundschaftlichen Umarmung. *Er* verschwand in der Nacht.

Seit dieser traurigen Episode sahen wir uns kaum noch. *Er* rief allerdings immer am Ende der Saison an und bestand darauf, mich zum Hafen zu bringen, wenn ich zu meiner jährlichen Museumstour aufbrach. Dabei wiederholte sich immer dasselbe. *Er* schimpfte über die polnische Blondine. »She totally ignorant. Polish have no culture. Primitive people. She stupid. I will finish. Tell her bye-bye. For sure!« Im Frühfrühling holte *er* mich immer in seinem weißen Mercedes ab. Auf dem Beifahrersitz saß die polnische Blondine. Ich nahm auf dem Rücksitz Platz. Im letzten Jahr sah es anders aus.

Nach dem Erfolg von »Artist Island Traffic Jam« war mein Terminkalender voll. Noch mehr Museen, Interviews und Geschäftstermine. Die Firma De Cecco war der Hauptsponsor meiner Japan-Installation gewesen. Infolge der großen Resonanz meiner Ausstellung in Japan war deren Umsatz um mehr als 300 Prozent gestiegen, weil jeder Japaner mindestens zweimal pro Woche Spaghetti Vongole al dente aß. Die Firma verdiente sehr viel Geld und wurde dann vom amerikanischen Konzern Unilever übernommen. Die neuen Manager wollten ähnliche Umsatzsteigerungen in anderen Ländern Ostasiens und schlugen mir vor, eine Installation in Peking zu machen. Einzige Bedingung: Es muß irgendwas mit Spaghetti zu tun haben. Bevorzugt Spaghetti Pomodoro, diese waren billiger als Vongole. Milliarden Chinesen konnten sich das leisten. Ich hatte nicht das geringste Interesse an einer Installation auf dem Platz des Himmlischen Friedens und forderte einen Vorschuß in Höhe einer Ablösesumme für einen Baseballspieler. Meine Manager ließ ich ein Budget aufstellen, daß die fünffache Verfilmung des Untergangs der Titanic ermöglicht hätte. Unilever zahlten den utopischen Vorschuß, meine Manager unterzeichneten begeistert den Vertrag, und ich mußte mir immer neue Argumente einfallen lassen, um die Sache hinauszuzögern. Ich freute mich auf den Frühling, um endlich Amerika verlassen und auf mein kleines Inselparadies zurückkehren zu können.

Wie üblich holte *er* mich von der Fähre ab. Doch diesmal war *er* allein. Die polnische Blondine war diesen Frühling nicht zurückgekehrt. Sie war dem Rat ihrer Mutter gefolgt und hatte einen reichen Bauunternehmersohn geheiratet. Sein Herz war gebrochen, aber *er* wollte es mir gegenüber nicht eingestehen. »I sent her away. Was stupid. Too ignorant. Polish. Have no culture. I have woman from Ukraine now. Work in my shop. Beautiful figure. You won't believe it. Never had something like this. Much satisfaction to me.«

Sein Laden war so gut wie nie geöffnet. Es lagen nur noch vier Uhren in seiner Auslage, die anscheinend niemand haben wollte. Ich rief bei seiner Familie an. *Er* fahre jeden Tag von der Insel zur großen Hafenstadt auf dem Festland, um dort Uhren zu verkaufen, sagte mir seine älteste Tochter.

Kurze Zeit später erfuhr ich, daß *er* einen Unfall gehabt hatte. *Er* fuhr mit seinem Motorrad mit achtzig Meilen die Stunde in eine Kurve und prallte gegen ein Auto. Die Maschine fing Feuer. Irgendwie schaffte *er* es, auf der Fahrbahn zu bleiben. *Er* schoß über die Straße wie ein Kugelblitz. Erst nach einer halben Meile konnte *er* die Maschine stoppen. *Er* kroch unter dem brennenden Motorrad hervor. Gesicht und Körper waren voller Schnitt- und Brandwunden, eine Schulter war gebrochen, und *er* blutete stark. Ungerührt ging *er* zu seinem Laden und öffnete. Die Leute auf der Straße waren zu Tode erschrocken. *Er* antwortete, es sei nichts passiert und alles in Ordnung. Schließlich kam die Polizei und brachte ihn ins Krankenhaus. Die Ärzte wollten ihm sofort Morphium geben, kein Mensch könne solche Schmerzen aushalten. *Er* hatte keine Schmerzen und lehnte ab. Über Nacht behielten sie ihn im Krankenhaus. Am nächsten Morgen sollte seine Schulter operiert werden. Es sei völlig unnötig, sagte *er* und ging.

Ich suchte ihn. Zuerst ging ich zu seinem Haus, seine Frau und seine fünf Kinder waren in der Schweiz. Ich fragte jeden und suchte überall. *Er* war verschwunden. Alle meine Anrufe bei seinen vielen Telefonnummern blieben ohne Antwort.

»I not can talk. I have a problem. With the police and mafia. Same people. No difference. Fucking people. In this country law don't function.« Ich hatte ihn endlich am Telefon. *Er* wollte mich am nächsten Tag um drei in seinem Uhrengeschäft treffen. Ich hatte eigentlich überhaupt keine Zeit. Drei Abgabetermine für das technische Set-up des Spaghetti-Pomodore-Projekts am Platz des Himmlischen Friedens waren bereits verstrichen. Die zweitgrößte Rechtskanzlei meines Landes hatte mir im Auftrag von Unilever eine letzte Frist gesetzt, die in zwei Tagen ablief. Wenn ich bis dahin nicht lieferte, drohte eine Millionen-Dollar-Schadensersatzklage. Sein Uhrengeschäft hatte geschlossen. Ich konnte ihn in keiner der umliegenden Bars finden und machte mich zu seinem Haus in Punta Visconti auf. Unten sah ich Menschenmassen zum Meer strömen, Hubschrauber kreisten mit ohrenbetäubendem Lärm. Was war los? *Er* sei vor drei Stunden mit einer Badehose bekleidet und einem großen Messer ins Meer gegangen. Das Wasser war eiskalt. Wintertemperatur. An diesem Tag war die See so aufgewühlt, daß keine Fähre fuhr. Die halbe Insel war in Punta Visconti erschienen und erwartete, daß sein lebloser Körper an den Strand gespült würde. Ich folgte ihnen nicht.

Ich wußte, wo *er* war. Jetzt lebt *er* im Meer, tief unten westlich von Punta Visconti, wo die untergegangene etruskische Siedlung liegt. *Er* wird die Etrusker auferstehen lassen, und sie werden fasziniert seinen langen Monologen lauschen: über die Zukunft. Menschen werden Maschinen haben, die schneller sind als die rennenden Kaninchen in den Bergen, und jeder hält kleine schwarze Boxen in der Hand und spricht über weite Entfernungen hinweg mit anderen Menschen. Es wird sogar große Blechvögel geben, die in neue Länder fliegen. Sie werden ihn »Fucking People« nennen und zum Priester und Propheten machen. Es wird ihm gut gehen. *Er* wird die Besuche in ihren zahllosen Bordellen genießen und das Hohelied auf den ewigen Frühling singen.

Langsam kletterte ich den steilen Weg zum Vulkan hinauf. Es war schon fast dunkel, als ich den Epomeo-Gipfel erreichte. Der Einsiedler ließ mich in einer Höhle schlafen. Keiner von uns sagte ein Wort. Er gab mir einen warmen Trunk aus Kräutern und Gewürzen, die ich nie zuvor geschmeckt hatte. Ich schlief tagelang und erwachte dann an einem Morgen. Alles war weiß: Schnee auf dem Epomeo. Zum ersten Mal seit hundert Jahren. Ich schaute auf die Insel hinunter. Die See war absolut ruhig und glitzerte silberblau, erleuchtet von der erwachenden Frühlingssonne.

Die Liebesaffäre

Den ganzen Morgen war dieser Geruch schon in der reinen
Luft, ein Geruch nach gemähtem Getreide oder grünem
Gras oder Blumen. Was es genau war, konnte Sio nicht
sagen, er hätte es nicht zu unterscheiden gewußt. So ging er
den Berg hinunter, wo seine heimliche Höhle war, und sah
sich um, den zierlichen Kopf gehoben und mit angestreng-
ten Augen, und stetig wehte der sanfte Wind und ließ den
Strom süßer Düfte um ihn anschwellen. Es war wie Frühling im Herbst. Er hielt Ausschau nach den dunklen Blumen, die sich unter den harten Steinen drängten und darunter vorlugten, aber er sah keine. Er suchte nach dem Gras,
das jedes Frühjahr für eine kurze Woche wie eine Woge
über den Mars hinwegspülte, doch die Erde war steinig und
trocken und hatte die Farbe von Blut.

Sio kehrte stirnrunzelnd zu seiner Höhle zurück. Er sah
zum Himmel und beobachtete, wie in der Ferne, wo die
neuen Städte entstanden, die Raketen der Erdmenschen
blitzend herunterkamen. Manchmal ließ er sich nachts in
einem lautlosen Boot die Kanäle hinuntertreiben, schob das
Boot in ein Versteck und schwamm mit leisen Bewegungen
bis an die Ränder der jungen Städte, von wo er den häm-
mernden, nagelnden, malenden Menschen zusah, den Menschen, die unter Gebrüll bis spät in die Nacht schufteten
und ein seltsames Ding auf diesem Planeten errichteten. Er
hörte ihre sonderbare Sprache und versuchte sie zu verstehen, und er sah ihre Raketen auf prächtigen Flammenbün-
deln zu den Sternen emporschießen. Ein unglaubliches
Volk. Und dann kehrte Sio, lebend und unverseucht, allein
zu seiner Höhle zurück. Manchmal wanderte er weit in die
Berge auf der Suche nach anderen von seinem geflohenen
Volk, wenigen Männern, noch weniger Frauen, mit denen
er reden konnte, doch zur Zeit zog er die Einsamkeit vor
und lebte allein, während er über das Schicksal nachdachte,

das schließlich sein Volk getötet hatte. Er gab die Schuld nicht den Erdmenschen; der Zufall hatte diese Krankheit gebracht, die seine Eltern und die Eltern vieler, vieler Söhne im Schlaf verbrannt hatte.

Er schnupperte wieder. Dieses fremde Aroma. Dieser süße, flüchtige Duft nach allerlei Blumen und grünem Moos.

»Was ist das nur?« Er kniff die goldenen Augen zusammen und spähte in alle vier Richtungen.

Er war groß und noch ein Junge, dabei hatten achtzehn Sommer seine Armmuskeln gedehnt, und seine Beine waren lang vom Schwimmen in den Kanälen und den tollkühnen Läufen über die glühenden Böden ausgetrockneter Meere, rennend, Deckung suchend, weiterrennend, schnell, neue Deckung nehmend, oder von den langen Streifzügen mit silbernen Käfigen, in denen er Mörderblumen und, um sie zu füttern, Feuereidechsen mitgebracht hatte. Sein ganzes Leben, so schien es, hatte nur aus Wandern und Schwimmen bestanden, den Dingen eben, mit denen junge Männer ihre Energien und Leidenschaften verbrauchten, bis sie heirateten und eine Frau von da an tat, was Berge und Flüsse einst taten. Er hatte sein Fernweh, seine Wanderlust länger ins Jünglingsalter mitgenommen als die meisten, und während manch anderer Mann hinweggefahren war, in einem schlanken Boot die sterbenden Kanäle hinunter, mit einer Frau auf dem Körper wie ein Flachrelief, war Sio weiter gerannt und geschwommen, meist allein, oft Selbstgespräche führend. Die Sorge seiner Eltern war er gewesen und die Verzweiflung der Frauen, die seit seinem vierzehnten Geburtstag seinen Schatten länger werden sahen und einander zunickten und auf den Kalender schauten, noch ein Jahr und noch ein Jahr …

Doch seit der Invasion und der Krankheit war er ruhiger geworden. Tod hatte seine Welt hinweggerafft. Die aus Brettern gezimmerten, frisch gestrichenen Städte waren Träger der Krankheit. Das viele Sterben lastete auf seinen Träumen wie ein schweres Gewicht. Oft erwachte er weinend und streckte die Hände in die Nachtluft. Doch seine Eltern waren nicht mehr da, und es war Zeit, mehr als Zeit für eine Freundschaft, eine Berührung, eine Liebe.

Der Wind drehte Kreise und verbreitete den heiteren Duft. Sio atmete tiefer ein, und ihm wurde ganz warm.

Nun kam auch ein Ton. Es klang wie ein kleines Orchester. Die Musik kam durch das enge Felsental herauf zu seiner Höhle.

Unten im nahen Tal kräuselte sich ein Rauchwölkchen in den Himmel. Dort am alten Kanal stand ein kleines Haus, das die Erdmenschen vor einem Jahr für eine Gruppe von Archäologen gebaut hatten. Sie hatten es verlassen, und Sio war ein paarmal hinuntergeschlichen, um in die leeren Zimmer zu spähen, ohne aber hineinzugehen, denn er fürchtete sich vor der schwarzen Krankheit, die ihn anrühren konnte.

Die Musik kam aus diesem Haus.

»Ein ganzes Orchester, in so einem kleinen Haus?« staunte er und lief im Licht des Frühnachmittags lautlos hinunter.

Das Haus schien leer zu sein, obwohl Musik aus seinen offenen Fenstern strömte. Sio, der von Fels zu Fels huschte, brauchte eine halbe Stunde, um sich dem furchteinflößenden, tönenden Haus auf dreißig Schritt zu nähern. Er legte sich auf den Bauch und hielt sich dicht am Kanal. Sollte etwas passieren, könnte er schnell ins Wasser springen und sich von der Strömung rasch in die Berge zurücktragen lassen.

Die Musik schwoll an, donnerte über die Felsen, summte in der heißen Luft, zitterte in seinen Knochen. Aus den Ritzen im Hausdach rieselte Staub. Farbflocken schwebten von den verwitternden Brettern wie ein leichtes Schneegestöber.

Sio sprang schnell einmal in die Höhe und ließ sich wieder fallen. Er sah kein Orchester da drinnen. Nur geblümte Vorhänge. Die Haustür stand weit offen.

Die Musik verklang und begann von neuem. Zehnmal wiederholte sich dieselbe Melodie. Und der Duft, der ihn aus seinem steinernen Versteck gelockt hatte, war hier so dicht wie klares Wasser, das sein verschwitztes Gesicht umspülte.

Endlich sprang er mit ein paar Sätzen hin, erreichte das Fenster und sah hinein.

Auf einem Tischchen stand ein schimmerndes braunes Gerät. Darauf drückte eine silberne Nadel eine kreisende schwarze Scheibe nieder. Das Orchester toste! Sio starrte dieses merkwürdige Ding an.

Die Musik verstummte. In der knisternden Pause hörte er Schritte. Er lief schnell zum Kanal und warf sich hinein. Er sank ins kühle Wasser, lag mit angehaltenem Atem auf dem Grund und wartete. War das eine Falle? Hatten sie ihn hierhergelockt, um ihn zu fangen und zu töten?

Eine Minute verging. Luftblasen stiegen aus seinen Nasenlöchern. Er machte eine Bewegung und ließ sich langsam an die naßgläserne Welt emportreiben.

Da schwamm er und blickte durch den kühlen grünen Strom nach oben, als er sie sah.

Ihr Gesicht war über ihm, wie ein weißer Stein.

Einen Augenblick blieb er völlig reglos, doch er sah sie. Er hielt den Atem an. Langsam, ganz langsam ließ er sich von der Strömung davontragen, und sie war so schön, sie war von der Erde, in einer Rakete gekommen, die das Land versengte und die Luft verbrannte, und sie war weiß wie ein Stein.

Das Wasser des Kanals trug ihn in die Berge zurück. Tropfend stieg er heraus.

Sie ist schön, dachte er, als er keuchend am Kanalufer saß. Seine Brust war wie zugeschnürt. Das Blut brannte heiß in seinem Gesicht. Er sah auf seine Hände. Hatte er die schwarze Krankheit in sich? Hatte er sich beim Ansehen verseucht?

Ich hätte auftauchen sollen, als sie sich bückte, dachte er; ich hätte ihren Hals mit meinen Händen packen sollen. Sie hat uns getötet, sie hat uns getötet. Er sah ihren weißen Hals, ihre weißen Schultern. Welch sonderbare Farbe. Aber nein, dachte er, sie hat uns nicht getötet. Es war die Krankheit. Kann Finsternis in solcher Weiße wohnen?

»Hat sie mich gesehen?« Er stand auf, um sich von der Sonne trocknen zu lassen. Er legte die Hand an seine Brust, seine braune, schlanke Hand. Er fühlte sein Herz rasen. »Oh«, sagte er. »Ich habe *sie* gesehen!«

Er ging zur Höhle zurück, nicht langsam, nicht schnell. Noch immer dröhnte von diesem Haus die Musik herauf, wie ein Festkonzert ganz für sich.

Er sprach nicht, er packte nur mit sicheren, raschen Bewegungen seine Habseligkeiten zusammen. Ein paar Brocken Leuchtkalk, etwas zu essen, ein paar Bücher, alles warf er in ein Tuch und schnürte es fest zusammen. Er sah, wie seine Finger zitterten. Erschrocken drehte er die Hände hin und her. Dann erhob er sich schnell, nahm das kleine Bündel unter den Arm, trat aus der Höhle und ging die Schlucht hinauf, fort von der Musik und dem starken Duft.

Er blickte nicht zurück.

Jetzt sank die Sonne am Himmel. Er fühlte, wie sein Schatten hinter ihm zurückblieb, dableiben wollte, wo er selbst hätte bleiben sollen. Es war nicht gut, die Höhle zu verlassen, in der er als Kind so oft gewohnt hatte. Ein Dutzend Liebhabereien hatte er in dieser Höhle für sich entdeckt, an tausend Dingen Geschmack gefunden. Er hatte einen Backofen in den Fels gehauen und sich täglich frischen Kuchen gebacken, Kuchen von wunderbarer Beschaffenheit und Vielfalt. Auf einem kleinen Bergacker hatte er Getreide für sich angebaut. Er hatte sich hellen, funkelnden Wein bereitet. Musikinstrumente hatte er geschaffen, Flöten aus Silber und Dornmetall und kleine Harfen. Er hatte Lieder komponiert. Er hatte kleine Stühle für sich gezimmert und den Stoff für seine Kleider gewebt. Und er hatte Bilder an die Höhlenwände gemalt, Bilder aus Karmesin und Kobalt und Phosphor, Bilder, die in langen Nächten leuchteten, Bilder von großer Zartheit und Schönheit. Und oft hatte er in einem Buch mit Gedichten gelesen, die er selbst geschrieben hatte, als er fünfzehn war, und die seine Eltern mit verhaltenem Stolz einigen Auserwählten vorgelesen hatten. Es war ein schönes Leben gewesen, diese Höhle und seine kleinen Künste.

Als die Sonne sank, kam er oben auf dem Bergpaß an. Keine Musik mehr. Kein Duft. Seufzend setzte er sich einen Augenblick hin, um sich auszuruhen, bevor er weiterging, über die Berge. Er schloß die Augen.

Ein weißes Gesicht kam durch grünes Wasser herab. Er fuhr sich mit den Fingern an die geschlossenen Augen und befühlte sie.

Weiße Arme winkten durch rauschende Fluten.

Er schrak hoch, packte sein Bündel und wollte davoneilen, als der Wind drehte.

Leise, ganz leise ertönte die Musik. Dieses irre metallische Schmettern, weit, weit fort.

Zart fand ein letzter Parfümduft den Weg durch die Felsen.

Als die Monde aufgingen, machte Sio kehrt und ging zur Höhle zurück.

Die Höhle war kalt und fremd. Er zündete ein Feuer an und aß ein karges Mahl aus Brot und wilden Beeren von den Moosfelsen. So bald schon, nachdem er die Höhle verlassen hatte, war sie kalt und hart geworden. Sein eigener Atem hallte seltsam von den Wänden wider.

Er löschte das Feuer und legte sich zum Schlafen hin. Doch nun berührte ein matter Lichtstrahl die Höhlenwand. Er wußte, daß dieses Licht von den Fenstern des Hauses am Kanal heraufkam. Er schloß die Augen, aber das Licht blieb. Entweder das Licht oder die Musik oder der Blumenduft. Unwillkürlich spähte, lauschte, schnupperte er nach einer dieser drei unglaublichen Erscheinungen.

Um Mitternacht stand er draußen vor der Höhle.

Wie ein hell leuchtendes Spielzeug strahlten die Lichter des Hauses gelb durchs Tal. In einem der Fenster glaubte er eine Gestalt tanzen zu sehen.

»Ich muß hinuntergehen und sie töten«, sagte er. »Deshalb bin ich zur Höhle zurückgekommen. Um sie zu töten, sie zu begraben.«

Als er wieder halb eingeschlafen war, hörte er eine einsame Stimme sagen: »Du bist ein großer Lügner.« Er machte die Augen nicht auf.

Sie lebte allein. Am zweiten Tag sah er sie an den Berghängen spazierengehen. Am dritten Tag schwamm sie, schwamm stundenlang im Kanal. Am vierten und fünften Tag wagte Sio sich immer näher zum Haus hinunter, bis er am sechsten Tag bei Sonnenuntergang, als die Dunkelheit nahte, vor dem Fenster stand und die Frau beobachtete, die in dem Haus wohnte.

Sie saß an einem Tisch, auf dem zwanzig Messingröhrchen mit roter Farbe standen. Sie tupfte sich eine weiße, kühl aussehende Creme aufs Gesicht, bis sie eine Maske bildete. Diese wischte sie mit Tüchern ab, die sie in einen Korb warf. Sie probierte ein Röhrchen mit Farbe, drückte es auf ihre breiten Lippen, preßte die Lippen zusammen, wischte sie ab, tat eine andere Farbe darauf, wischte *diese* ab, probierte eine dritte Farbe, eine fünfte, eine neunte, tupfte auch Rot auf ihre Wangen und zupfte mit einer silbernen Pinzette an ihren Brauen. Sie wickelte ihr Haar auf unbegreifliche Vorrichtungen und polierte ihre Fingernägel, wobei sie ein süßes, unbekanntes fremdes Lied sang, ein Lied in ihrer Sprache, ein Lied, das sehr schön sein mußte. Sie summte es vor sich hin und klapperte dabei mit ihren Stöckelschuhen auf dem Hartholzboden. Sie sang es, wenn sie durchs Zimmer ging, nur in ihren weißen Körper gekleidet, oder wenn sie auf dem Bett lag in ihrer weißen Haut, den Kopf zurückgelegt, so daß die gelben Haare flammengleich bis auf den Boden wallten, und sie hielt sich ein Feuerstäbchen an die roten, roten Lippen und sog mit geschlossenen Augen daran, worauf aus ihrem trägen Mund und den schmalen Nasenlöchern lange Rauchbahnen strömten, die in der Luft die wunderbaren Gestalten von Geistern annahmen. So nebenbei. So leicht. Sie schuf die Geister, ohne hinzusehen.

Ihre Füße rührten einen Trommelwirbel auf dem Hartholzboden, als sie aufstand. Wieder sang sie. Wirbelte umher. Sang zur Decke empor. Schnippte mit den Fingern. Streckte die Hände aus wie Vögel, die von selbst flogen, und tanzte allein, immer herum und herum, und ließ ihre Absätze auf dem Fußboden klappern.

Dieser fremdartige Gesang. Er hätte ihn so gern verstanden. Er wünschte sich die Fähigkeit, die einige von seinem Volk besaßen, die Gabe der Gedankenübertragung, Gedanken zu lesen, zu kennen, augenblicklich zu verstehen; fremde Sprachen, fremde Gedanken. Er versuchte es. Aber nichts kam. Und sie sang weiter dieses schöne, unbekannte Lied, von dem er kein Wort verstehen konnte.

»Bin ja nicht ungezogen, meine Liebe spar ich auf für dich …«

Ihm wurde ganz flau, während er ihren Erdenkörper so ansah, ihre Erdenschönheit, so vollkommen anders, etwas aus so großer, großer Ferne. Seine Hände waren feucht, seine Lider zuckten unangenehm.

Eine Klingel schrillte.

Schon war sie da und nahm ein fremdartiges schwarzes Instrument in die Hand, das offenbar nicht viel anders funktionierte als ein ähnliches Gerät bei Sios Volk.

»Hallo, Janice? Wie schön, noch mal von dir zu hören!«

Sio lächelte. Sie sprach mit einer fernen Stadt. Ihre Stimme war aufregend anzuhören. Aber was bedeuteten die Worte?

»Mein Gott, Janice, an was für einen gottverlassenen Flecken hast du mich da geschickt! Ich weiß, Schätzchen, ich soll Urlaub machen. Aber ich bin hier mitten in der Wildnis. Karten spielen und in diesem blöden Kanal schwimmen, mehr gibt's hier nicht zu tun.«

Der schwarze Apparat summte zur Antwort.

»Ich halte es hier nicht mehr aus, Janice. Ja, ich weiß. Die Kirchen. Daß die je hier heraufgekommen sind, ist eine Affenschande. Alles lief so schön. *Ich* möchte nur mal wissen, wann wir wieder aufmachen!«

Wie schön, dachte Sio. Wie anmutig. Nicht zu fassen. Er stand vor ihrem offenen Fenster in der Nacht und sah ihr wunderschönes Gesicht, ihren Körper. Und worüber sprach sie? Kunst, Literatur, Musik – ja, Musik, denn sie sang, sang immerzu. Eine eigenartige Musik, aber man konnte ja nicht erwarten, die Musik einer anderen Welt zu verstehen. Oder ihre Bräuche, ihre Sprache und Literatur. Man konnte nur nach dem Gefühl urteilen; mußte die alten Vorstellungen ablegen; mußte einräumen, daß ihre Schönheit eben anders war als marsische Schönheit, diese sanfte, schlanke, braune Schönheit einer sterbenden Gattung. Seine Mutter hatte goldene Augen gehabt und schlanke Hüften. Diese Frau dagegen, die hier allein in der Wüste sang, war von derberem Stoff, große Brüste, breite Hüften, Beine, ja, Beine von weißem Feuer, und dann dieser sonderbare Brauch, ohne Kleider herumzulaufen, nur mit diesen komischen klappernden Schuhen an den Füßen. Aber das taten doch alle Erdenfrauen, ja? Er nickte. Man mußte das verstehen. Die Frauen dieser fernen Welt, er konnte sie sehen mit ihren gelben Haaren, breiten Körpern, lauten Absätzen. Und ihre Magie mit Mund und Nase! Die Geister, die Seelen, die in Rauchgestalten zwischen ihren Lippen hervorkamen. Ein Zauberwesen gewiß, ein Wesen aus Feuer und Phantasie. Sie schuf die Gestalten in der Luft, nur mit ihrem großartigen Geist. Was anders als ein Geist von großer Klarheit und reinem Genie konnte das graue, kirschrote Feuer trinken und so vollkommene Gebilde von zartester Schönheit aus der Nase wehen lassen? Ein Genie! Eine Künstlerin! Eine Schöpferin! Wie machte man das nur, wie viele Jahre mußte man es lernen? Wie nutzte man die Zeit? Ihm schwirrte der Kopf von ihrer Nähe. Es drängte ihn, ihr zuzurufen: »Lehre mich!« Doch er fürchtete sich. Er fühlte sich wie ein Kind. Er sah die Gestalten, die Konturen, den Rauch ins Unendliche wehen. Sie war hier in dieser Wildnis, um allein zu sein, um vollkommen ungestört, unbeobachtet ihre Phantasiegebilde zu erschaffen. Schöpfer, Schriftsteller, Maler durfte man nicht stören. Man hielt sich stumm im Hintergrund und behielt seine Gedanken für sich.

Welch ein Volk! dachte er. Ob alle Frauen dieser feurigen grünen Welt so sind wie sie? Feuergeister und Musik? Laufen sie alle splitternackt in ihren lauten Häusern herum?

»Ich muß sie beobachten«, sagte er halblaut. »Ich muß sie studieren.« Er fühlte ein Prickeln in seinen Händen. Er wollte sie gern berühren. Sie sollte für ihn singen, für ihn die kunstvollen Gebilde in der Luft erschaffen, ihn lehren, ihm von ihrer fernen Welt erzählen, von ihren Büchern und ihrer schönen Musik …

»Du lieber Himmel, Janice, aber *wie* bald? Und was ist mit den andern Mädchen? Den anderen Städten?«

Das Telefon summte wie ein Insekt.

»Alle geschlossen? Auf dem ganzen verdammten Planeten? Es muß doch noch *einen* Ort geben! Wenn du nicht bald ein Plätzchen für mich findest, dann …!« Es war alles so sonderbar. Es war, als sähe er zum erstenmal eine Frau. Wie sie den Kopf hoch trug, wie sie ihre Hände mit den roten Fingernägeln bewegte, alles so neu und anders. Jetzt schlug sie ihre weißen Beine übereinander, beugte den Oberkörper nach vorn, stützte den Ellbogen auf ein nacktes Knie, beschwor Geister und atmete sie aus, redete, sah blinzelnd zum Fenster, wo er – ja, er – im Schatten stand, schaute geradewegs durch ihn hindurch – oh, wenn sie wüßte, was würde sie tun?

»Wer, ich, Angst vor dem Alleinsein hier draußen?«

Sie lachte, und Sio lachte mit ihr in der mondhellen Nacht. Wie herrlich, dieses fremde Lachen, wie sie den Kopf zurückwarf und die geheimnisvollen Wolken aus ihrer Nase strömten und sich zu Gestalten formten.

Er mußte sich vom Fenster abwenden und nach Luft ringen.

»Klar, ja doch!«

Was für schöne, kostbare Worte sprach sie jetzt, Worte über das Leben, Musik, Poesie?

»Na hör mal, Janice, wer hat schon Angst vor Marsmenschen? Wie viele gibt's noch, ein Dutzend, zwei? Laß sie antreten und herkommen, klar? Klar!«

Ihr Lachen scholl ihm nach, als er blindlings um die Hausecke floh und über ein paar herumliegende Flaschen stolperte. Seine geschlossenen Augen sahen das Nachbild ihrer leuchtenden Haut, sahen die Zauberwesen aus ihrem Mund quellen und Wolken und Regen und Wind beschwören. O könnte er verstehen, übersetzen, *wissen*, o ihr Götter! Horch! Was heißt dieses Wort, und jenes und – ja, und das!? Hatte sie ihm nachgerufen? Nein. War das sein Name?

In seiner Höhle aß er, obwohl er keinen Hunger hatte.

Er blieb eine Stunde vor der Höhle sitzen, während die Monde aufgingen und über den kalten Himmel jagten, und er sah seinen Atem durch die Luft ziehen wie die Geister, jene Feuerwesen, die ihr Gesicht umwehten, und sie redete, redete, und er hörte oder hörte nicht ihre Stimme den Berg heraufkommen zwischen den Felsen, und er roch ihren Atem, diesen Atem rauchender Verheißung und freundlicher Worte, in ihrem Mund erwärmt.

Und endlich dachte er: Ich will hinuntergehen und mit ihr reden, leise, jede Nacht mit ihr reden, bis sie versteht, was ich sage und ich ihre Worte kenne, und sie wird mit mir in die Berge kommen, und wir werden glücklich und zufrieden sein. Ich will ihr von meinem Volk erzählen, von meinem Alleinsein und wie ich sie beobachtet und ihr so viele Nächte zugehört habe ...

Aber – sie ist der Tod.

Ihn schauderte. Der Gedanke, die Worte wichen nicht. Wie hatte er das vergessen können?

Er brauchte nur ihre Hände zu berühren, ihre Wange, und er würde in wenigen Stunden, in höchstens einer Woche verwelken. Er würde sich verfärben, schwarz und runzlig werden und zu Asche zerfallen, zu schwarzen Laubfetzen, die der Wind abriß und forttrug.

Eine Berührung und ... Tod.

Aber noch ein Gedanke stellte sich ein: Sie lebt allein, fern von den anderen ihrer Art. Sie wird ihre eigenen Gedanken lieben, daß sie so für sich allein lebt. Sind wir dann nicht gleich? Und da sie so weit weg ist von den Städten, hat sie den Tod vielleicht gar nicht in sich ...? Ja! Vielleicht!

Wie schön, mit ihr einen Tag zusammenzusein, eine Woche, einen Monat, mit ihr im Kanal zu schwimmen oder in den Bergen zu spazieren und sie dieses seltsame Lied singen zu hören; und er würde die alte Harfe hervorholen und sie für sie singen lassen! Lohnte sich dafür nicht alles, alles? Wenn ein Mann allein war, starb er, oder? Nun sieh die gelben Lichter in dem Haus da unten. Ein Monat wahres Verstehen, zusammensein mit Schönheit, der Schöpferin jener Geister und Seelen, die aus ihrem Mund kamen – war das nicht jedes Risiko wert, das er einging? Und wenn der Tod kam ... wie schön und ohnegleichen würde er sein!

Er stand auf. Er ging umher. Er zündete in einer Höhlennische eine Kerze an, in deren Schein die Bilder seiner Eltern flackerten. Draußen erwarteten die dunklen Blumen das Morgengrauen, dann würden sie sich zitternd öffnen, und sie wäre hier und würde sie sehen und pflegen und mit ihm in den Bergen spazieren. Die Monde waren jetzt fort. Er mußte seine Augen umstellen, um den Weg zu erkennen.

Er horchte. Unten in der Nacht spielte die Musik. Unten im Dunkeln sandte ihre Stimme Wunder über die Zeiten hinweg. Unten in den Schatten glühte ihre weiße Haut, tanzten die Geister um ihr Haupt.

Er ging jetzt schnell.

Abends um Punkt neun Uhr fünfundvierzig hörte sie das leise Klopfen an ihrer Haustür.

Augustine de Villeblanche
oder
Die Liebeslist

»Als der Seitensprung der Natur, der am meisten zu denken gibt und der unsern Halbphilosophen, die alles zergliedern, ohne je etwas zu kapieren, am seltsamsten vorkommt« – so sagte eines Tages Mademoiselle de Villeblanche, über die wir uns gleich werden unterhalten können, zu einer ihrer besten Freundinnen –, »gilt jenes sonderbare Gefallen, das Frauen einer bestimmten Beschaffenheit oder Wesensart auf Personen ihres eigenen Geschlechts gefunden haben. Obgleich es schon lange vor der unsterblichen Sappho, wie nach ihr, keinen einzigen Landstrich auf Erden und keine einzige Stadt gibt, die uns nicht so veranlagte Frauen geboten hätte; und obwohl es nach so gewichtigen Beweisen vernünftiger schiene, die Natur einer Grille zu bezichtigen, als jene Frauen eines Verbrechens wider die Natur, hat man sie unaufhörlich weiter getadelt; und wer weiß, ob ohne den unwiderstehlichen Einfluß, den unser Geschlecht ausübt, Leute wie Cujas, Bartolo oder ein Louis IX. nicht darauf verfallen wären, gegen diese feinfühligen und unglücklichen Geschöpfe alberne Gesetze zu erlassen, wie sie es gegen Männer von ähnlich absonderlicher Veranlagung taten, die aus sicherlich ebenso guten Gründen glaubten, sich selber genügen zu können, und der Meinung waren, die für die Fortpflanzung sehr nützliche Vermengung der Geschlechter könne zur Erfüllung der Lust nicht die gleiche Notwendigkeit für sich beanspruchen. Bewahre Gott uns davor, daß wir in dieser Angelegenheit Partei ergreifen, nicht wahr, meine Liebe …?« fuhr die schöne Augustine de Villeblanche fort und bedachte die Freundin mit Küssen, die allerdings ein klein wenig verdächtig schienen. »Doch wäre es nicht unendlich viel einfacher, man ließe statt noch immer so abgestumpfte Waffen wie läppisches Gerede, Verachtung und Sarkasmen zu gebrauchen, einen jeden bei einem für die Gesellschaft so belanglosen, Gott so gleichgültigen und der Natur vielleicht unvermutet nützlichen Akt nach seinem eigenen Belieben handeln? Was hat man von dieser Verderbtheit zu fürchten? Jedes wahrhaft kluge Wesen wird einsehen, daß sie schlimmere Laster verhüten kann, niemand aber wird mir je vormachen, daß sie verhängnisvolle Folgen hätte. Ach, gerechter Himmel, hegt man Angst, diese Schrullen gewisser Individuen des einen wie des andern Geschlechts könnten den Weltuntergang herbeiführen und die kostbare Spezies ›Mensch‹ unter den Auktionshammer bringen und diese werde durch die angeblichen Verbrechen jener Sonderlinge ausgetilgt? Wenn man sich die Sache gut überlegt, begreift man, daß diese vermeintlichen Vermehrungsverluste der Natur völlig gleich sind, ja daß sie sie nicht bloß duldet, sondern uns durch tausend Exempla beweist, daß sie sie will und wünscht. Ach, und wenn diese Verluste sie erzürnten und die Nachkommenschaft ihr so wichtig wäre – wobei die Frau ihr ohnehin nur während eines Drittels ihrer Lebenszeit behilflich sein kann –, was dann, wenn die Hälfte der von ihr gezeugten Geschöpfe, kaum ist sie aus ihren Händen entlassen, dieselbe Abneigung gegen die von der Natur geforderte Fortpflanzung hätte? Nennen wir doch die Dinge beim Namen: die Natur erlaubt die Vermehrung der Gattungen, verlangt sie aber nicht, und in der Gewißheit, daß es immer mehr Individuen geben wird, als sie braucht, hütet sie sich wohlweislich, die Neigungen jener zu durchkreuzen, die keine Fortpflanzung betreiben und die es anwidert, sich diesem Gebot zu fügen. Ach, lassen wir die gute Mutter Natur walten; seien wir überzeugt davon, daß ihre Lebensquellen unermeßlich sind, daß unser Tun sie in nichts beleidigt und daß angebliche Vergehen gegen ihre Gesetze niemals unsere Hände besudeln werden.«

Mademoiselle Augustine de Villeblanche, deren Logik wir nun teilweise kennen und die im Alter von zwanzig Jahren noch immer Herrin ihres Handelns war und über ein jährliches Einkommen von dreißigtausend Pfund verfügte, hatte aus Aberwillen beschlossen, sich nie zu verheiraten. Sie stammte aus guter, obgleich nicht hoher Familie und war die Tochter eines Mannes, der in Indien zu großem Vermögen gekommen war, nur diese Tochter hatte und starb, bevor er sie zu einer Heirat bewegen konnte. Sagen wir unverhohlen, daß Mademoiselle Augustines Widerwille gegen die Ehe stark in jener Launenhaftigkeit gründete, die zu rechtfertigen sie soeben gesucht hatte.

Sei ihre Ursache nun Beratung, Erziehung, organische Veranlagung, Blutwärme (sie war in Madras zur Welt gekommen), Eingebung der Natur oder was auch immer: Mademoiselle de Villeblanche verabscheute, kurz gesagt, die Männer, und ganz dem preisgegeben, was keusche Gemüter unter Sapphotismus verstehen, fand sie sinnliche Freude nur bei ihrem eigenen Geschlecht und rächte sich dafür einzig durch die anmutig vorgebrachte Verachtung, die sie für die Liebe übrig hatte.

Augustine war für die Männer ein herber Verlust. Groß gewachsen und bildschön, wie sie war, mit dem prächtigsten brünetten Haar, einer leichten Adlernase, makellosen Zähnen, ausdrucksvollen, lebhaften Augen, feiner weißer Haut und der erregenden Sinnlichkeit ihrer ganzen Person, mußte sie den Männern, die sahen, wie viel Liebe sie hätte schenken können, und wie entschlossen sie war, keine solche entgegenzunehmen, natürlich eine Flut von bitterem Spott über eine Neigung entlocken, die, so schlicht sie war, dennoch die Altäre von Paphos eines ihrer wohl tauglichsten Geschöpfe beraubte und deshalb die Anhänger des Venuskults unvermeidlich vergrämte. Mademoiselle de Villeblanche lachte gutgelaunt über diese Vorwürfe und all das Gerede und gab sich dessenungeachtet ihren Launen hin.

»Der Gipfel aller Torheit«, sagte sie, »ist, über Neigungen zu erröten, die wir von der Natur erhalten haben; und sich über irgendein seltsam veranlagtes Wesen lustig zu machen, ist sicher genauso barbarisch, wie einen Menschen zu verhöhnen, der einäugig oder mit einen Klumpfuß aus dem Schoß seiner Mutter gekrochen ist. Doch Dummköpfen diese Vernunftgründe predigen zu wollen, kommt dem

Unterfangen gleich, den Lauf der Gestirne aufzuhalten. Unser Hochmut findet eine Art Wohlgefallen darin, sich über Mängel zu belustigen, die wir selbst nicht haben, und dieses Vergnügen behagt den Menschen und insbesondere den Idioten so sehr, daß sie selten darauf verzichten. Dadurch legitimiert man auf Kosten anderer verübte Bosheiten, herzlose Witze, platte Wortspiele. Und eine Gesellschaft – das heißt eine durch Langeweile zusammengebrachte und durch Dummheit geprägte Gruppe von Menschen – findet es angenehm, zwei, drei Stunden lang zu reden, ohne etwas zu sagen, und weidet sich daran, zum Nachteil anderer zu glänzen und über ein Laster zu schmähen, das sie selber ganz und gar nicht hat. Man lobt damit gleichsam schweigend sich selbst, macht sogar mit den andern gemeinsame Sache und beteiligt sich an einer Verschwörung zur Vernichtung des einzelnen, dessen großes Unrecht darin besteht, nicht gleich zu denken wie die gewöhnlichen Sterblichen. Und darauf kehrt man heim, gebläht vom Stolz auf den Witz, den man versprüht, während man im Grunde durch sein Verhalten nur Pedanterie und Dummheit bewiesen hat.«

So dachte Mademoiselle de Villeblanche, fest entschlossen, sich nie irgendwelchen Zwang anzutun, über den Tratsch erhaben, reich genug, um für sich selber aufzukommen, besser als ihr Ruf, auf eine epikureische Lebensweise bedacht, voll von Sinnenfreuden, doch frei von himmlischen Seligkeiten, an die sie nur wenig glaubte, so wenig wie an die Unsterblichkeit, die ihre Sinne für Trug hielten – so gab sich die liebe Augustine unschuldig allen Vergnügen hin, die sie ergötzten, umgeben von einem kleinen Kreis gleichdenkender Frauen. Sie hatte viele Bewerber gehabt und diese so schroff behandelt, daß man schließlich auf die Hoffnung, sie einmal zu erobern, zu verzichten begann, als ein junger Mann namens Franville, ungefähr gleichen Standes und mindestens so reich wie sie, sich bis zur Raserei in sie verliebte und sich nicht nur durch ihre Härte nicht abschrecken ließ, sondern sich ernstlich vornahm, die Belagerung dieser Festung nicht vor ihrer Einnahme abzubrechen. Er teilte sein Vorhaben seinen Freunden mit; man lachte ihn aus, er aber behauptete, er würde gewinnen; man forderte ihn dazu heraus, worauf er zu Werke ging. Franville war zwei Jahre jünger als Mademoiselle de Villeblanche, hatte noch fast keinen Bartwuchs, war von einnehmendem Äußeren, mit zarten Zügen und dem schönsten Haar der Welt. Wenn man ihn als Mädchen anzog, nahm er sich in diesem Gewand so gut aus, daß er stets beide Geschlechter täuschte und oft – von den einen irrtümlich, von andern bewußt – so deutliche Anträge erhielt, daß er am selben Tag zum Antinoos irgendeines Hadrian oder zum Adonis einer Psyche hätte werden können. In diesem Gewand gedachte Franville Mademoiselle de Villeblanche zu verführen. Wie er es anging, werden wir sehen.

Eines der Lieblingsvergnügen Augustines bestand darin, sich zur Karnevalszeit als Mann anzuziehen und in dieser ihrem Geschmack so angemessenen Verkleidung bei allen Festen zu erscheinen. Franville, der ihr Hin und Her immer genau überwachen ließ und sich ihr bisher vorsichtigerweise nur wenig gezeigt hatte, erfuhr eines Tages, daß die Angebetete sich am selbigen Abend auf einen Ball des Opernensembles begeben wollte, an dem alle Masken zugelassen waren und wo dieses bezaubernde Mädchen, nach seiner Gewohnheit, als Dragonerhauptmann zu erscheinen beabsichtigte. Er aber verkleidet sich als Frau, läßt sich putzen und aufs eleganteste und sorgfältigste einkleiden; er schminkt sich üppig, verzichtet auf eine Maske und begibt sich so, begleitet von einer seiner viel weniger hübschen Schwestern, an jenes Fest, wo die liebenswerte Augustine nichts anderes außer ein Abenteuer suchte.

Franville hat noch keine dreimal im Saal die Runde gemacht, als die Kenneraugen Augustines ihn wahrnehmen. »Wer ist dieses schöne Mädchen?« fragt Mademoiselle de Villeblanche ihre Freundin. »Mir scheint, ich habe dieses Ding noch nirgends gesehen. Wie hat uns ein so liebliches Geschöpf nur entgehen können?« Kaum hat sie diese Worte gesprochen, unternimmt Augustine alles, was sie kann, um mit der falschen Demoiselle de Franville ins Gespräch zu kommen, doch sie entflieht zuerst, wendet sich ab, weicht aus und entwischt – all dies, um sich noch leidenschaftlicher begehrt zu machen. Schließlich gelingt es, sie anzusprechen; aus einigen Gemeinplätzen entwickelt sich ein Gespräch, das nach und nach interessanter wird.

»Es herrscht eine schreckliche Hitze auf diesem Ball«, sagt Mademoiselle de Villeblanche. »Überlassen wir unsere Begleiterinnen sich selber, und schnappen wir etwas frische Luft in den Nebenräumen, wo man spielt und sich erfrischen kann.«

»Aber Monsieur«, sagt Franville, der Mademoiselle de Villeblanche noch immer für einen Mann zu halten vorgibt. »Ehrlich gesagt, ich traue mich nicht. Ich bin nur mit meiner Schwester hier, aber ich weiß, daß meine Mutter mit dem mir zugedachten Gatten erscheinen wird, und wenn die beiden mich mit Ihnen sähen, gäbe es Geschichten …«

»Gut, gut. Man sollte über solche Kinderschrecken ein wenig hinauswachsen. Wie alt seid Ihr, schöner Engel?«

»Achtzehn, Monsieur.«

»Na, mit achtzehn Jahren hat man das Recht, will ich meinen, alles zu tun, was man will. Los, los, folgt mir und seid ohne Furcht.« Und so läßt sich Franville verlocken.

»Wie, zauberhaftes Wesen?« sagt Augustine, während sie das Geschöpf, das sie noch immer für ein Mädchen hält, zu den Nebenzimmern des Ballsaales führt, »wie? Ihr wollt Euch also wirklich verheiraten? Wie ich Euch bedaure. Und wer ist der Mann, den man für Euch ausersehen hat? Ich wette, ein Langweiler … Aber wie glücklich muß er sein! Ich wollte, ich wäre an seiner Stelle! Würdet Ihr einwilligen, mich zu heiraten. Ja, mich! Sagt es offen heraus, himmlisches Mädchen.«

»Ach, Ihr wißt ja, mein Herr: wenn man jung ist, darf man da den Regungen des Herzens folgen?«

»Nun, so weist ihn ab, diesen gemeinen Mann. Wir beide werden uns näher kennenlernen, und wenn wir zueinander passen, warum sollten wir uns da nicht finden? Ich benötige Gott sei Dank keinerlei Erlaubnis, und obschon ich erst zwanzig bin, verfüge ich selbständig über meinen Besitz. Wenn Ihr

Eure Eltern mir günstig stimmen könntet, wären wir beide vielleicht binnen einer Woche durch ewige Bande vereint.«

Plaudernd hatten sie so den Ballsaal verlassen, und die raffinierte Augustine, die ihre Beute nicht um der wahren und reinen Liebe willen wegführte, steuerte mit ihr auf ein völlig abgeschiedenes Gemach zu, von dem sie aufgrund vorheriger Absprache mit den Veranstaltern des Balls jederzeit Gebrauch machen konnte.

»O Gott!« sagte Franville, als Augustine die Tür hinter sich zuzog und ihn in die Arme schloß. »O gütiger Himmel! Was habt Ihr denn vor …? Wie, ich allein unter vier Augen mit Euch, Monsieur, und das an einem so abgeschiedenen Ort? Laßt mich, laßt mich, ich flehe Euch an, oder ich rufe augenblicklich um Hilfe.«

»Daran werde ich dich hindern, du göttlicher Engel«, sagte Augustine und drückte Franville ihren schönen Mund auf die Lippen. »So, jetzt schreie, schreie, wenn du kannst. Der reine Hauch deines Rosenatems wird die Glut meines Herzens nur um so eher entfachen.«

Franville wehrte sich nur schwach. Man wird, wenn man von einem heißgeliebten Wesen den ersten Kuß so liebevoll empfängt, schwerlich in heftigen Zorn geraten. Die ermutigte Augustine griff nun kraftvoller an: sie brachte dazu ein Ungestüm zutage, wie man es wahrhaft nur bei Frauen kennt, die dieser Neigung frönen. Bald schweifen Augustines Hände frei umher; Franville spielt die Frau, die nachgibt, und läßt die seinen ebenfalls umherirren. Alle Kleider fallen, und die Finger greifen fast gleichzeitig dorthin, wo sie das ihnen Zusagende zu finden glauben …

Da wechselt Franville plötzlich seine Rolle: »O gütiger Himmel!« schreit er. »Wie? Ihr seid nur eine Frau?«

»Du Scheusal«, sagt Augustine, die Hand auf Körperteile legend, die in ihrer Blöße keine Täuschung mehr zulassen. »Wie? So viel Mühe habe ich mir gemacht und finde nur einen garstigen Mann? Oh, ich Unglückliche.«

»Nicht unglücklicher als ich«, sagt Franville, der seine Kleider wieder ordnet, voll tiefster Verachtung. »Da brauche ich eine Verkleidung, die die Männer verführt. Ich liebe die Männer, ich suche sie, und was finde ich: eine Hure.«

»Eine Hure, nein«, erwidert Augustine scharf, »eine Hure bin ich mein Lebtag nie gewesen, und wer die Männer verabscheut, verdient nicht, als solche gescholten zu werden.«

»Wie, Ihr seid eine Frau und haßt die Männer?«

»Ja, und das aus demselben Grund, aus dem Ihr, ein Mann, die Frauen haßt.«

»Eine unerhörte Begegnung, das ist das mindeste, was man dazu sagen kann.«

»Für mich eine äußerst traurige«, meint Augustine, mit allen Anzeichen der Bitterkeit.

»In Tat und Wahrheit muß ich mich noch viel mehr verdrießen, denn nun bin ich auf drei Wochen besudelt. Wißt Ihr, daß man in unserem Orden gelobt, niemals eine Frau zu berühren?«

»Mir scheint, eine Frau wie mich kann man berühren, ohne sich dabei zu entehren.«

»Gott, meine Schöne«, fährt Franville fort, »ich sehe nicht ein, welche schwerwiegenden Gründe hier eine Ausnahme rechtfertigen und wie uns ein Laster ein zusätzliches Verdienst einbringen sollte.«

»Ein Laster? Aber steht es Euch an, mir die meinen vorzuwerfen, wenn man selbst so schändliche hat?«

»Hört!« sagt Franville. »Zanken wir nicht miteinander! Wir sind beide an diesem Spiel beteiligt. Am einfachsten ist es, wir trennen uns und sehen uns nie wieder.« Und damit schickt Franville sich an, die Tür aufzustoßen.

»Moment, Moment«, sagt Augustine und hindert ihn daran, »ich wette, Ihr verkündet unser Abenteuer der ganzen Welt.«

»Vielleicht tu' ich's, mir zum Spaß.«

»Na schön. Mir soll es gleich sein. Ich bin Gott sei Dank über den Klatsch erhaben. Geht, Monsieur, geht und erzählt alles, was Euch beliebt.« Doch dann hält sie ihn nochmals zurück: »Wißt Ihr, daß diese Geschichte höchst eigenartig ist? Wir haben uns gegenseitig hinters Licht geführt.«

»Ha!« sagt Franville. »Ein solches Täuschungsmanöver trifft Menschen meines Schlages viel härter als Euresgleichen. Diese Leere ekelt uns.«

»Meine Güte, mein Lieber, glaubt mir: was Ihr da vorzuweisen habt, mißfällt uns mindestens ebenso sehr. Wahrhaftig, unser beider Abscheu hält sich die Waage. Doch das Abenteuer hat seinen Reiz, das muß man zugeben … Kehrt Ihr zum Ball zurück?«

»Ich weiß es nicht.«

»Ich für mein Teil gehe nicht wieder hin«, erklärt Augustine. »Ihr habt mich Dingen ausgesetzt … Unannehmlichkeiten … Ich geh' schlafen.«

»Eine gute Idee«, sagt er.

»Aber seid Ihr wenigstens so galant, mich nach Hause zu geleiten? Ich wohne ganz in der Nähe, und meine Kutsche ist nicht hier. Aber ich glaube, Ihr wollt mich hier sitzenlassen.«

»Aber nein, ich begleite Euch gerne«, sagt Franville. »Unsere Neigungen schließen die Höflichkeit nicht aus. Wollt Ihr meine Hand? Da ist sie.«

»Ich ergreife sie nur, weil ich hier nichts Besseres finde.«

»Seid versichert, daß ich sie Euch nur reiche, weil der Anstand es fordert.«

So gelangen die beiden an Augustines Tor, und Franville will sich verabschieden.

»Wirklich, Ihr seid köstlich«, sagt Mademoiselle de Villeblanche, »laßt Ihr mich auf der Straße stehen?«

»Tausendmal Verzeihung! Ich wagte nicht …«

»Ach, wie ungehobelt ihr Männer doch seid, die ihr die Frauen nicht liebt!«

»Seht!« erklärt Franville und bietet ihr immerhin den Arm bis zu ihrer Wohnung. »Seht, Mademoiselle, ich möchte schleunigst zurück auf den Ball, um zu versuchen, dort meine Dummheit wiedergutzumachen.«

»Eure Dummheit? Also verdrießt es Euch sehr, mich gefunden zu haben?«

»So war das nicht gemeint. Aber trifft es nicht zu, daß wir beide etwas unendlich viel Besseres hätten finden können?«

»Doch, da habt Ihr recht«, sagt Augustine und tritt endlich in ihr Haus.

»Ich vor allem, denn ich befürchte sehr, daß diese verhängnisvolle Begegnung mich das Glück meines Lebens kosten wird.«

»Wie? Ihr seid also Eurer Gefühle nicht ganz sicher?«

»Gestern war ich es noch.«

»Ach, Ihr haltet Euch also nicht an Eure Grundsätze?«

»Ich halte mich überhaupt an nichts. Ihr geht mir auf die Nerven.«

»Nun, so verlass' ich Euch eben, Mademoiselle. Ich geh' ja schon … Bewahr mich Gott davor, daß ich Euch noch länger belästige.«

»Nein, bleibt. Ich befehle es, wenn Ihr es über Euch bringt, einmal in Eurem Leben einer Frau zu gehorchen.«

»Ich«, sagt Franville und setzt sich aus Gefälligkeit, »ich verweigere Euch nichts. Ich habe Euch doch gesagt, daß ich ein höflicher Mensch bin.«

»Wißt Ihr, wie schrecklich es ist, in Eurem Alter schon derart verdorbenen Neigungen nachzugeben?«

»Glaubt Ihr, in Eurem Alter machten sich solche Absonderlichkeiten besser?«

»Oh, das ist etwas ganz anderes. Bei uns ist es Zurückhaltung, Scham … Ihr könnt es auch Stolz nennen oder die Furcht, sich einem Geschlecht auszuliefern, das uns einzig verführt, um uns zu unterdrücken. Indessen erwachen die Sinne, und so entschädigen wir uns eben unter uns selbst. Und gelingt es uns, dies zu verbergen, so erwächst uns daraus ein Anstrich von Klugheit, der oft Respekt einflößt. So ist die Natur zufrieden, die Anstandsregeln werden befolgt, und die Sittlichkeit nimmt keinen Anstoß.«

»Das nenne ich schöne Sophistereien. So ließe sich alles rechtfertigen. Und was glaubt Ihr damit vorzubringen, das nicht auch wir zu unseren Gunsten anführen könnten?«

»Gar nichts, denn Eure Vorurteile sind von den unsern sehr verschieden, und somit kennt Ihr nicht die gleichen Ängste wie wir. Euer Triumph liegt in unseren Niederlagen, und je mehr Ihr erobert, desto größer Euer Ruhm; und den

Gefühlen, die wir in Euch erwecken, vermögt Ihr Euch allein durch Laster und Verderbtheit zu entziehen.«

»Ich glaube wahrhaftig, Ihr werdet mich bekehren.«

»Das möchte ich gern.«

»Und was würdet Ihr dabei gewinnen, solange Ihr selber auf Irrwegen geht?«

»Mein Geschlecht wird mir dafür verpflichtet sein, und weil ich die Frauen liebe, setze ich mich auch für sie ein.«

»Wenn dieses Wunder geschähe, wären seine Auswirkungen nicht so weitreichend, wie Ihr zu glauben scheint. Ich möchte mich höchstens um einer einzigen Frau willen bekehren lassen – versuchsweise.«

»Ein vertretbarer Grundsatz.«

»Ich fühle aber, daß, wer einen Entschluß faßt, ohne von allem gekostet zu haben, ein wenig voreingenommen handelt.«

»Wie, Ihr hattet nie etwas mit einer Frau?«

»Nie. Und Ihr … Bringt Ihr etwa ebenso sichere Voraussetzungen mit?«

»Nein … Die Frauen, die unsereiner sieht, sind auf ihren Vorteil bedacht und so eifersüchtig, daß uns nichts bleibt … Aber ich habe mein Lebtag nie ein Verhältnis mit einem Mann gehabt.«

»Und Ihr bleibt bei Eurem Schwur?«

»Ja, ich will keinen sehen oder mich höchstens mit einem abgeben, der ebenso absonderlich ist wie ich.«

»Ich bedaure, daß ich nicht ein gleiches Gelübde abgelegt habe.«

»Das ist wohl der Gipfel der Frechheit!« Mit diesen Worten steht Mademoiselle de Villeblanche auf und bedeutet Franville, er dürfe sich nun zurückziehen. Unser junger Liebhaber, immer kühlen Sinnes, verbeugt sich tief und will gehen.

»Ihr kehrt auf den Ball zurück«, wirft Mademoiselle de Villeblanche ihm trocken zu und betrachtet ihn mit einer Mischung aus Verdruß und heißem Begehren.

»Gewiß. Ich glaube, ich sagte es schon.«

»Ihr vermögt also nicht, mir dasselbe Opfer zu bringen wie ich Euch.«

»Wie, Ihr habt mir ein Opfer gebracht?«

»Ich bin nur heimgekehrt, um nach dem Unglück, Euch kennengelernt zu haben, nichts anderes mehr zu sehen.«

»Nach dem Unglück?«

»Ihr allein zwingt mich, diesen Ausdruck zu gebrauchen. Es liegt nur an Euch, mich einen völlig anderen wählen zu lassen.«

»Und wie brächtet Ihr das mit Euren Neigungen in Einklang?«

»Worauf verzichtet man nicht, wenn man liebt?«

»Ja, aber Ihr könntet mich unmöglich lieben.«

»Das geb' ich zu, wenn Ihr so abscheuliche Gewohnheiten beibehalten wollt wie die, die ich bei Euch entdeckt habe.«

»Und wenn ich sie aufgäbe?«

»Dann würde ich unverzüglich die meinen auf dem Altar der Liebe opfern … Ach, du hinterlistiges Geschöpf! Wieviel Stolz mich dies Geständnis kostet! Was hast du mir nur entrissen?« Augustine sagt dies unter Tränen und läßt sich auf einen Lehnstuhl sinken.

»Aus dem schönsten Mund der Welt habe ich das schmeichelhafteste Geständnis vernommen, das zu hören mir je vergönnt war«, sagt Franville und wirft sich Augustine zu Füßen. »Oh, teurer Gegenstand meiner zärtlichsten Liebe, anerkennt meine Kriegslist und geruht, sie nicht zu bestrafen. Zu Euren Füßen flehe ich, Ihr mögt mich dafür begnadigen. Ich verbleibe hier, bis Ihr mir verzeiht. Ihr seht vor Euch den beharrlichsten und leidenschaftlichsten Liebenden, Mademoiselle. Ich glaubte diese List anwenden zu müssen, um ein Herz zu bezwingen, dessen Widerstand ich kannte. Ist mir das gelungen, schöne Augustine? Werdet Ihr einer Liebe ohne Laster das verweigern, was Ihr einen schuldigen Liebenden verstehen zu lassen geruht habt? Mir, einem Schuldigen … dessen schuldig, was Ihr geglaubt habt … Ach, konntet Ihr annehmen, in einer Seele, die nie für eine andere entflammt ist, als für Euch, brenne ein unlauteres Verlangen?«

»Verräter, du hast mich hintergangen … doch ich vergebe

dir. Freilich hast du Betrüger nicht zu opfern, und das schmeichelt meinem Stolz weniger. Doch sei dem, wie ihm wolle, ich für mein Teil opfere dir alles. Ja, um dir zu gefallen, verwerfe ich gerne Irrungen, in die uns außer unseren Trieben fast ebenso oft unsere Eitelkeit lockt. Ich spüre es: die Natur obsiegt. Ich habe sie durch Verirrungen erstickt, die ich nun aus tiefster Seele hasse. Man stemmt sich vergeblich gegen ihre Herrschaft. Sie hat uns ausschließlich für euch geschaffen, und euch nur für uns. Folgen wir ihren Gesetzen! Sie gibt sie mir heute direkt durch das Organ der Liebe ein, was sie mir in Zukunft nur noch heiliger macht. Nehmt meine Hand, Monsieur. Ich halte Euch für einen Ehrenmann und standesgemäßen Bewerber. Wenn ich aus eigner Schuld Eure Achtung vorübergehend verwirkt habe, kann ich durch Eifer und Zärtlichkeit mein Unrecht vielleicht wiedergutmachen und Euch das Geständnis abnötigen, daß eine Verfehlung, die bloß in der Vorstellung existiert, eine wohlgeborene Seele nicht immer erniedrigt.«

Franville, der auf der Höhe seines Glücks, benetzt mit seinen Tränen die schönen Hände, die er umfaßt hält. Er erhebt sich und fällt in die Arme, die sich ihm öffnen. »O glücklichster Tag meines Lebens!« ruft er aus. »Gibt es etwas, das sich meinem Triumph vergleichen ließe? Ich führe das Herz, in dem ich auf immer herrschen werde, in den Schoß der Tugend zurück.« Wieder und wieder küßt Franville den Gegenstand seiner Liebe, und schließlich trennt er sich von ihm.

Am nächsten Tag teilt er sein Glück all seinen Freunden mit. Mademoiselle de Villeblanche ist eine so gute Partie, daß seine Eltern sie ihm nicht verwehren. Er heiratet sie noch in derselben Woche. Zärtlichkeit, Vertrauen, eine angemessene Zurückhaltung und strengste Bescheidung haben seinen Ehebund gekrönt, und während er sich zum glücklichsten der Männer gemacht hat, hat er es auch geschickt verstanden, das ausschweifendste unter den Mädchen zur klügsten und sittsamsten der Frauen zu machen.

Das Blumenhaus

Ottilie hätte eigentlich das glücklichste Mädchen in Port-au-Prince sein müssen. Das sagte auch Baby zu ihr: »Denk doch nur an all das Gute, das du hast.« – »Was denn?« sagte Ottilie, da sie eitel war, und Komplimente waren ihr noch lieber als Fleisch oder Parfum. »Zum Beispiel wie du aussiehst«, sagte Baby. »Du hast eine wunderschöne helle Haut, sogar fast blaue Augen, und so ein hübsches, reizendes Gesicht – kein Mädchen, das auf die Straße geht, hat treuere Kunden, und jeder einzelne von ihnen ist bereit, dir so viel Bier zu kaufen, wie du nur trinken kannst.« Ottilie gab zu, daß es wahr sei, und fuhr fort, ihre Schätze zusammenzuzählen: »Ich habe fünf Seidenkleider und ein Paar grüne Satinschuhe; ich habe drei Goldzähne, die dreißigtausend Francs wert sind, und vielleicht schenkt mir Mr. Jamison oder ein anderer noch ein Armband. Aber, Baby«, seufzte sie und konnte nicht sagen, warum sie so unzufrieden war.

Baby war ihre beste Freundin; daneben hatte sie noch eine Freundin: Rosita. Baby war rund und kam angerollt wie ein Rad; auf einigen ihrer dicken Finger hatten falsche Ringe grüne Reifen hinterlassen, ihre Zähne waren dunkel wie verbrannte Baumstümpfe, und wenn sie lachte, konnte man sie noch auf der See draußen hören, zumindest behaupteten das die Matrosen. Rosita, die andere Freundin, war größer als die meisten Männer und auch stärker. Am Abend, wenn sie die Kunden erwartete, trippelte sie geziert herum und lispelte mit einer einfältigen Kinderstimme, aber tagsüber machte sie lange, ausgreifende Schritte und sprach in einem militärischen Bariton. Beide Freundinnen von Ottilie kamen aus der Dominikanischen Republik und hielten diese Tatsache für Grund genug, sich über die Eingeborenen dieses dunkleren Landes ein wenig erhaben zu fühlen. Es machte ihnen nichts aus, daß Ottilie eine Eingeborne war. »Du hast Köpfchen«, sagte Baby zu ihr, und tatsächlich war Klugheit das einzige, wofür Baby schwärmte. Ottilie hatte oft Angst, daß ihre Freundinnen entdecken würden, daß sie weder lesen noch schreiben konnte.

Das Haus, in dem sie lebten und arbeiteten, war wackelig, so schmal wie ein Turm und mit zierlichen Balkonen bedeckt, die mit Bougainvillea bewachsen waren. Obwohl außen kein Schild angebracht war, wurde es die Champs-Élysées genannt. Die Besitzerin, eine altjüngferliche, gebrechlich aussehende Kranke, regierte von einem oben gelegenen Zimmer aus, wo sie sich einschloß, in einem Schaukelstuhl schaukelte und zehn bis zwanzig Coca-Cola am Tag trank. Insgesamt hatte sie acht Damen, die für sie arbeiteten; Ottilie ausgenommen, war keine unter dreißig. Am Abend, wenn sich die Damen auf der Veranda versammelten, wo sie plauderten und mit Papierfächern wedelten, die wie trunkene Falter in der Luft flatterten, sah Ottilie aus wie ein entzückendes, verträumtes Kind inmitten älterer, häßlicherer Schwestern.

Ihre Mutter war tot, ihr Vater, ein Pflanzer, war nach Frankreich zurückgekehrt, und sie war in den Bergen von einer derben Bauernfamilie aufgezogen worden. Jeder der Söhne hatte mit ihr in sehr jungen Jahren an irgendeinem grünen, schattigen Platz geschlafen. Vor drei Jahren, als sie vierzehn gewesen, war sie zum erstenmal zum Markt nach Port-au-Prince heruntergekommen. Die Reise dauerte zwei Tage und eine Nacht, und sie war zu Fuß gegangen und hatte einen zehn Pfund schweren Sack Getreide getragen. Um die Last zu verringern, hatte sie ein wenig Getreide herausfließen lassen, und dann noch ein wenig, und als sie den Markt erreicht hatte, war fast keines mehr übrig gewesen. Ottilie hatte geweint, weil sie daran dachte, wie zornig die Familie sein würde, wenn sie ohne das Geld für das Getreide heimkäme, aber ihre Tränen flossen nicht lange: ein so lustiger, netter Mann half ihr sie zu trocknen. Er kaufte ihr eine Schnitte Kokosnuß und brachte sie zu seiner Kusine, der Besitzerin der Champs-Élysées. Ottilie konnte ihr Glück gar nicht fassen; die Musik aus dem Spielautomaten, die

Satinschuhe und die scherzenden Männer waren so neu und wunderbar wie die elektrische Glühbirne in ihrem Zimmer, die ein- und auszuknipsen sie nicht müde wurde. Bald wurde von allen Straßenmädchen über sie am meisten gesprochen, und die Besitzerin konnte für sie den doppelten Preis verlangen, und Ottilie wurde eitel. Sie konnte sich stundenlang vor einem Spiegel drehen. Selten nur dachte sie an die Berge; und doch war nach drei Jahren immer noch viel von den Bergen in ihr: immer noch schien der Bergwind um sie zu wehen, und ihre harten, hohen Hüften waren nicht weich geworden, ebensowenig wie ihre Fußsohlen, die so rauh waren wie die Haut einer Eidechse.

Wenn ihre Freundinnen von der Liebe und von Männern, die sie geliebt hatten, sprachen, wurde Ottilie verdrießlich. »Was hat man für ein Gefühl, wenn man liebt?« fragte sie. »Ah«, sagte Rosita mit einem Blick, als vergingen ihr die Sinne, »man hat ein Gefühl, als wäre einem Pfeffer aufs Herz gestreut worden, als schwämmen in den Adern winzige Fische.« Ottilie schüttelte den Kopf; wenn Rosita die Wahrheit sagte, dann hatte sie noch nie geliebt, sie selbst hatte nämlich noch bei keinem der Männer, die in das Haus kamen, ein solches Gefühl gehabt.

Sie machte sich darüber so viele Gedanken, daß sie zuletzt zu einem *houngan* ging, der in den Hügeln oberhalb der Stadt wohnte. Im Gegensatz zu ihren Freundinnen hängte Ottilie keine christlichen Bilder an die Wände ihres Zimmers; sie glaubte nicht an Gott, sondern an viele Götter: Götter der Nahrung, des Lichtes, des Todes, des Verderbens. Der Houngan stand mit diesen Göttern in Verbindung; er verwahrte ihre Geheimnisse auf seinem Altar, konnte im Klappern eines Kürbisses ihre Stimmen hören, konnte ihre Kraft in einem Trank austeilen. Im Namen der Götter gab er ihr folgende Botschaft: »Du mußt eine wilde Biene fangen«, sagte er, »und sie in deiner geschlossenen Hand halten ... wenn die Biene nicht sticht, dann weißt du, daß du die Liebe gefunden hast.«

Auf dem Heimweg dachte sie an Mr. Jamison. Er war ein Mann über fünfzig, ein Amerikaner, der mit irgendeinem technischen Projekt zu tun hatte. Die goldenen Armbänder, die an ihren Handgelenken klimperten, waren Geschenke von ihm, und als Ottilie an einem Zaun vorbeiging, der mit Geißblatt bewachsen war, fragte sie sich, ob sie nicht vielleicht doch Mr. Jamison liebte. Schwarze Bienen hingen am Geißblatt. Mit einer mutigen Handbewegung fing sie eine, die gerade schlummerte. Ihr Stich war wie ein Schlag, der sie in die Knie zwang; und da kniete sie nieder und weinte, bis es schwer war zu sagen, ob die Biene sie in die Hand oder in die Augen gestochen hatte.

Es war März und ging schon auf den Karneval zu. Im Champs-Élysées nähten die Damen an ihren Kostümen; Ottilies Hände waren müßig, sie hatte nämlich beschlossen, überhaupt kein Kostüm zu tragen. An turbulenten Wochenenden, wenn die Trommeln zum aufgehenden Mond emporklangen, saß sie an ihrem Fenster und sah zerstreut den kleinen Gruppen von Sängern zu, die die Straße entlangtanzten und trommelten; sie horchte auf das Pfeifen und das Lachen und hatte keine Lust mitzumachen. »Man könnte meinen, du bist tausend Jahre alt«, sagte Baby, und Rosita sagte: »Ottilie, warum kommst du nicht mit uns zu den Hahnenkämpfen?«

Sie sprach nicht von einem gewöhnlichen Hahnenkampf. Aus allen Teilen der Insel waren Teilnehmer eingetroffen und hatten ihre wildesten Vögel mitgebracht. Ottilie fand, sie könne eigentlich mitgehen, und schraubte ein Paar Perlen an ihre Ohren. Als sie hinkamen, war der Wettkampf bereits im Gange; in einem großen Zelt schluchzte und brüllte eine riesige Menschenmenge, während sich eine zweite Menge, diejenigen, die nicht hineinkommen konnten, draußen drängte. Für die Damen vom Champs-Élysées war es kein Problem hineinzukommen: ein befreundeter Polizist bahnte ihnen den Weg und machte für sie einen Platz auf einer Bank am Ring frei. Die Leute vom Lande, die um sie herum saßen, schienen verlegen zu sein, daß sie in so vornehme Gesellschaft geraten waren. Sie warfen scheue Blicke auf Babys lackierte Fingernägel, auf die kristallbesetzten Kämme in Rositas Haar und auf Ottilies schimmernde Perlenohrringe. Die Kämpfe waren jedoch spannend, und bald waren die Damen vergessen; Baby ärgerte sich darüber und ließ ihre Blicke auf der Suche nach Augen, die auf sie gerichtet waren, umherschweifen. Plötzlich stieß sie Ottilie an. »Ottilie«, sagte sie, »du hast einen Bewunderer. Siehst du den Jungen da drüben, er starrt dich an, als wärst du etwas Kühles zu trinken.«

Zuerst dachte sie, er müsse ein Bekannter sein, weil er sie ansah, als sollte sie ihn wiedererkennen; aber wie konnte sie ihn denn kennen, wenn sie noch niemals jemanden gekannt hatte, der so schön war, der so lange Beine und kleine Ohren hatte? Sie konnte sehen, daß er aus den Bergen kam, sie sah es an seinem Strohhut und dem verschossenen Blau seines groben Hemdes. Seine Haut war braungelb, glänzend wie eine Zitrone und glatt wie ein Guavenblatt, und die Haltung seines Kopfes war so stolz wie der schwarze und scharlachrote Vogel, den er in den Händen hielt. Ottilie war es gewöhnt, die Männer frech anzulächeln; aber jetzt war ihr Lächeln bruchstückhaft, er hing an ihren Lippen wie Kuchenkrümel.

Schließlich kam eine Pause. Die Arena wurde frei gemacht, und alle, die konnten, drängten sich hinauf, um zu tanzen und zu stampfen, während ein Orchester aus Trommeln und Saiteninstrumenten Karnevalslieder spielte. In diesem Augenblick näherte sich der junge Mann Ottilie; sie lachte, als sie sah, wie sein Vogel wie ein Papagei auf seiner Schulter hockte. »Verschwinde«, sagte Baby, die empört war, daß ein Bauer Ottilie zum Tanzen aufforderte, und Rosita erhob sich drohend, um sich zwischen den jungen Mann und ihre Freundin zu stellen. Er lächelte nur und sagte: »Bitte, gnädige Frau, ich möchte gerne mit Ihrer Tochter sprechen.« Ottilie fühlte, wie sie hochgehoben wurde, fühlte, wie sich ihre Hüften im Takt der Musik an seine Hüften schmiegten, und es machte ihr gar nichts aus. Sie ließ sich von ihm in das dichteste Gedränge der Tanzenden führen. Rosita sagte: »Hast du das gehört? Er dachte, ich bin ihre Mutter!« Und Baby tröstete sie und sagte finster: »Was kann man denn schließlich von denen erwarten? Das sind doch nur Eingeborene, alle beide. Wenn sie zurückkommen, tun wir einfach so, als würden wir sie nicht kennen.«

Ottilie kam aber nicht zu ihren Freundinnen zurück. Royal, so hieß der junge Mann, Royal Bonaparte, wie er ihr sagte, hatte nicht tanzen wollen. »Wir müssen an einen stillen Platz gehen«, sagte er, »nimm meine Hand, und ich führe dich.« Sie fand ihn seltsam, hatte bei ihm aber kein fremdes Gefühl, in ihr waren nämlich immer noch die Berge, und er kam aus den Bergen. Während der schillernde Vogel auf seiner Schulter schwankte, verließen sie Hand in Hand das Zelt und wanderten langsam die weiße Straße entlang, dann über einen weichen Weg, wo Sonnenvögel durch die grünen, schräggeneigten Akazienbäume flatterten.

»Ich bin traurig«, sagte er, aber sah dabei nicht traurig aus. »In meinem Dorf ist Juno ein Champion, aber die Vögel hier sind stark und häßlich, und wenn ich ihn kämpfen lassen würde, hätte ich nur einen toten Juno. Also werde ich ihn nach Hause nehmen, aber trotzdem sagen, daß er gewonnen hat. Ottilie, willst du eine Prise nehmen?«

Sie schnupfte genießerisch. Schnupftabak erinnerte sie an ihre Kindheit, und obwohl jene Jahre dort schlimm gewesen waren, berührte sie doch das Heimweh mit seinem weitreichenden Zauberstab. »Royal« sagte sie, »bleib einen Augenblick stehen, ich möchte mir die Schuhe ausziehen.«

Royal selbst hatte keine Schuhe; seine goldfarbenen Füße waren schlank und zierlich, und die Spuren, die sie hinterließen, waren wie die Fährte eines grazilen Tieres. Er sagte: »Wie kommt es, daß ich dich hier finde, ausgerechnet hier, wo nichts gut ist, wo der Rum schlecht ist und die Leute Diebe sind? Wieso finde ich dich hier, Ottilie?«

»Weil ich leben muß, so wie du, und hier ist ein Platz für mich. Ich arbeite in einem – oh, einer Art Hotel.«

»Wir haben unser eigenes Land«, sagte er. »Den ganzen Hang eines Berges, und am Gipfel dieses Berges ist mein kühles Haus. Ottilie, willst du kommen und darinnen sitzen?«

»Verrückt«, neckte ihn Ottilie, »verrückt«, und sie lief

zwischen die Bäume, und er lief ihr nach und streckte die Arme aus, als hielte er ein Netz. Der Vogel Juno breitete seine Flügel aus, krähte und flog auf die Erde. Kratzige Blätter und pelziges Moos kitzelten Ottilies Fußsohlen, als sie sich durch die Schatten schlängelte; plötzlich ließ sie sich mit einem Dorn in der Ferse in ein Dickicht aus Regenbogenfarn fallen. Sie zuckte, als Royal den Dorn herauszog; er küßte die Stelle, an der er gewesen war, seine Lippen wanderten zu ihren Händen, ihrem Hals, und es war, als wäre sie zwischen schwebenden Blättern. Sie atmete seinen Duft ein, den dunklen, sauberen Duft, der an Wurzeln erinnerte, an Wurzeln von Geranien, von mächtigen Bäumen.

»Jetzt ist aber genug«, bat sie, obwohl sie nicht das Gefühl hatte, als wäre es wirklich genug: Es war nur, daß nach einer Stunde mit ihm ihr Herz am Zerspringen war. Er war daraufhin still. Sein Kopf, dessen Haar sie kitzelte, ruhte über ihrem Herzen, und sie sagte »Schsch« zu den Schnaken, die um seine schlafenden Augen schwärmten, und »Pst« zu Juno, der herumstolzierte und zum Himmel emporkrähte.

Während sie dalag, sah Ottilie ihre alten Feinde, die Bienen. Still und im Gänsemarsch wie Ameisen krochen die Bienen in einen abgebrochenen Baumstumpf, der nicht weit von ihr entfernt war, hinein und heraus. Sie löste sich aus Royals Armen und ebnete einen Platz auf dem Boden für seinen Kopf. Ihre Hand zitterte, als sie sie den Bienen in den Weg legte, aber die erste, die daherkam, purzelte auf ihre Handfläche, und als sie die Finger schloß, machte sie keine Anstalten, ihr weh zu tun. Sie zählte bis zehn, um sicherzugehen, dann öffnete sie die Hand, und die Biene stieg mit einem freudigen Gesang in Spiralen in die Luft.

Die Besitzerin gab Baby und Rosita einen guten Rat: »Laßt sie in Ruhe, laßt sie gehen, in ein paar Wochen kommt sie schon wieder.« Die Besitzerin sprach in der Ruhe nach dem Sturm, nach der Niederlage: um Ottilie zu halten, hatte sie ihr das beste Zimmer im Haus, einen neuen Goldzahn, eine Kodak, einen Ventilator angeboten, aber Ottilie hatte nicht geschwankt, sie hatte einfach weiter ihre Sachen in einen Karton gepackt. Baby versuchte ihr zu helfen, aber sie weinte so sehr, daß Ottilie sie daran hindern mußte: Es mußte doch Unglück bringen, wenn diese vielen Tränen auf die Ausstattung einer Braut fielen. Und zu Rosita sagte sie: »Rosita, du solltest dich für mich freuen, statt dazustehen und die Hände zu ringen.«

Schon zwei Tage nach dem Hahnenkampf schulterte Royal Ottilies Karton und führte sie in der Abenddämmerung den Bergen entgegen. Als es bekannt wurde, daß sie nicht mehr im Champs-Élysées war, gingen viele Kunden zu einer anderen Firma; andere, die zwar dem alten Lokal treu blieben, beklagten sich jetzt aber über die Düsterheit der Atmosphäre. An einigen Abenden war kaum jemand da, um den Damen ein Bier zu kaufen. Allmählich fühlte man, daß Ottilie doch nicht zurückkommen würde; nach sechs Monaten sagte die Besitzerin: »Sie muß tot sein.«

Royals Haus war wie ein Blumenhaus; Glyzinien bedeckten das Dach, ein Vorhang aus Wein beschattete die Fenster, Lilien blühten an der Tür. Aus dem Fenster konnte man das ferne, schwache Schimmern des Meeres sehen, da das Haus hoch oben auf einem Berg stand; hier brannte die Sonne heiß, aber die Schatten waren kühl. Innen war das Haus immer dunkel und kühl, und an den Wänden raschelten aufgeklebte rosa und grüne Zeitungen. Es gab nur einen einzigen Raum; er enthielt einen Ofen, einen wackeligen Spiegel auf einem Marmortisch und ein Messingbett, das groß genug war für drei dicke Männer.

Aber Ottilie schlief nicht in diesem großartigen Bett. Sie durfte nicht einmal darauf sitzen, es gehörte nämlich Royals Großmutter, Old Bonaparte. Sie war ein eingefallenes, verhutzeltes Wesen, hatte O-Beine wie ein Zwerg und war kahl wie ein Bussard und wurde auf Meilen im Umkreis als Zauberin gefürchtet. Viele hatten Angst, ihren Schatten auf sich fallen zu lassen; selbst Royal war vor ihr auf der Hut, und er stotterte, als er ihr sagte, daß er eine Frau nach Hause gebracht habe. Die alte Frau winkte Ottilie zu sich heran und zwickte sie boshaft hier und dort, und dann sagte sie zu ihrem Enkel, daß seine Braut zu mager sei: »Sie wird im ersten Wochenbett sterben.«

Jede Nacht wartete das junge Paar mit der Liebe, bis sie glaubten, daß Old Bonaparte eingeschlafen war. Manchmal, wenn Ottilie auf dem vom Mond beschienenen Strohsack ausgestreckt lag, auf dem sie schliefen, war sie sicher, daß Old Bonaparte wach war und sie beobachtete. Einmal sah sie ein klebriges, vom Sternenlicht erhelltes Auge in der Dunkelheit leuchten. Es hatte keinen Sinn, sich bei Royal zu beklagen, er lachte nur: Was machte es denn schon aus, wenn eine alte Frau, die so viel vom Leben gesehen hatte, noch ein wenig mehr sehen wollte?

Da sie Royal liebte, ließ Ottilie diese Dinge nicht an sich herankommen und versuchte, sich über Old Bonaparte nicht zu ärgern. Lange Zeit war sie glücklich; sie vermißte weder ihre Freundinnen noch das Leben in Port-au-Prince; trotzdem hielt sie ihre Andenken an jene Tage gut in Ordnung. Mit einem Nähkörbchen, das ihr Baby als Hochzeitsgeschenk gegeben hatte, flickte sie die Seidenkleider und die grünen Seidenstrümpfe, die sie jetzt niemals trug, wo hätte sie die auch tragen sollen. Nur Männer versammelten sich im Café bei den Hahnenkämpfen. Wenn die Frauen zusammenkommen wollten, trafen sie sich am Bach bei der Wäsche. Aber Ottilie war zu beschäftigt, um sich einsam zu fühlen. Bei Tagesanbruch sammelte sie Eukalyptusblätter, um Feuer zu machen und ihre Mahlzeiten zu kochen; Hühner mußten gefüttert, eine Ziege gemolken werden, Old Bonaparte jammerte um Aufmerksamkeit. Drei- oder viermal am Tage füllte sie einen Eimer mit Trinkwasser und trug ihn dahin, wo Royal in den Zuckerrohrfeldern eineinhalb Kilometer unterhalb des Hauses arbeitete. Es machte ihr nichts aus, daß er bei diesen Besuchen barsch zu ihr war, sie wußte, daß er sich nur vor den anderen Männern aufspielte, die in den Feldern arbeiteten und sie angrinsten wie aufgeschnittene Wassermelonen. Aber am Abend, wenn sie ihn zu Hause hatte, zog sie ihn an den Ohren und schmollte, weil er sie wie einen Hund behandelte, bis er sie in der Dunkelheit des Hofes, wo die Leuchtkäfer leuchteten, festhielt und ihr etwas ins Ohr flüsterte, so daß sie lächeln mußte.

Sie waren ungefähr fünf Monate verheiratet, als Royal begann, alles zu tun, was er vor der Hochzeit getan hatte. Andere Männer gingen auch am Abend ins Café und blieben ganze Sonntage bei den Hahnenkämpfen – er konnte nicht verstehen, warum sich Ottilie darüber aufregte. Aber sie sagte, er habe kein Recht, sich so zu benehmen, und daß er sie nicht mit diesem boshaften alten Weib allein lassen würde, wenn er sie liebte. »Ich liebe dich«, sagte er, »aber ein Mann muß auch sein Vergnügen haben.« Es gab Nächte, in denen er seinem Vergnügen nachging, bis der Mond hoch am Himmel stand; sie wußte nie, wann er nach Hause kommen würde, und sie lag auf ihrer Matratze und kränkte sich und bildete sich ein, daß sie nicht schlafen könne, wenn sie nicht seine Arme um sich fühlte.

Aber die wirkliche Qual war Old Bonaparte. Sie war nahe daran, Ottilie zur Verzweiflung zu bringen. Wenn Ottilie kochte, kam bestimmt das schreckliche alte Weib zum Ofen und schnüffelte herum, und wenn sie das nicht mochte, was es zum Essen gab, nahm sie einen Mundvoll und spuckte es auf den Fußboden. Jeden Schmutz und jede Unordnung, die sie sich ausdenken konnte, machte sie: sie machte ins Bett, bestand darauf, die Ziege ins Zimmer zu nehmen, und was sie auch immer anfaßte, war bald verschüttet oder zerbrochen; und Royal gegenüber klagte sie, daß eine Frau, die für ihren Mann das Haus nicht in Ordnung halten könne, nichts tauge. Sie war den ganzen Tag auf den Beinen, und ihre roten, unbarmherzigen Augen waren selten geschlossen. Aber das Schlimmste, das, was Ottilie schließlich dazu brachte, ihr zu drohen, sie werde sie umbringen, war ihre Gewohnheit, plötzlich heranzuschleichen und sie so heftig zu kneifen, daß man die Abdrücke ihrer Fingernägel sehen konnte. »Wenn du das noch ein einziges Mal machst, wenn du dich noch einmal unterstehst, nehme ich dieses Messer und schneide dir das Herz heraus!« Old Bonaparte wußte, daß es Ottilie ernst meinte, und obwohl sie das Kneifen ließ, dachte sie sich andere Hänseleien aus: Zum Beispiel ließ sie es sich angelegen sein, kreuz und quer über einen bestimmten Teil des Hofes zu gehen und so zu tun, als wüßte sie nicht, daß Ottilie dort einen kleinen Garten gepflanzt hatte.

Eines Tages geschahen zwei außergewöhnliche Dinge. Ein Knabe kam aus dem Dorf und brachte einen Brief für Ottilie; im Champs-Élysées hatte sie von Zeit zu Zeit Postkarten von Matrosen und anderen reisenden Männern bekommen, die mit ihr angenehme Stunden verbracht hatten, aber das war der erste Brief, den sie jemals erhalten hatte. Da sie ihn nicht lesen konnte, war ihr erster Gedanke, ihn zu zerreißen. Es war sinnlos, ihn herumliegen zu lassen, so daß er sie verfolgen konnte. Natürlich bestand die Möglichkeit, daß sie eines Tages lesen lernen würde; und so ging sie, um ihn in ihrem Nähkörbchen zu verstecken.

Als sie das Nähkörbchen öffnete, machte sie eine unheimliche Entdeckung: wie ein grausiges Wollknäuel lag da der abgeschnittene Kopf einer gelben Katze. So war also das elende alte Weib auf neue Streiche aus! Sie will mich verhexen, dachte Ottilie, die sich nicht im geringsten fürchtete. Sie nahm den Kopf vorsichtig an einem Ohr heraus und trug ihn zum Ofen, wo sie ihn in einen Topf mit siedendem Wasser warf. Zu Mittag sog Old Bonaparte an ihren Zähnen und machte die Bemerkung, daß die Suppe, die Ottilie für sie gemacht hatte, erstaunlich gut schmecke.

Am nächsten Morgen fand sie gerade rechtzeitig für das Mittagessen eine kleine grüne Schlange, die sich in ihrem Körbchen schlängelte. Sie hackte sie so fein wie Sand und streute sie über eine Portion Schmorfleisch. Jeden Tag wurde ihre Phantasie auf die Probe gestellt: es gab Spinnen zu backen, eine Eidechse zu braten, die Brust eines Bussards zu kochen. Old Bonaparte aß von allem mehrere Portionen. Mit einem rastlosen Glitzern verfolgten ihre Augen Ottilie, während sie auf irgendein Zeichen wartete, daß der Zauber zu wirken begänne. »Du siehst nicht gut aus, Ottilie«, sagte sie und mischte ein wenig Sirup in den Essig ihrer Stimme.

»Du ißt wie eine Ameise; warum nimmst du dir nicht einen Teller von dieser guten Suppe?«

»Weil ich keinen Bussard in der Suppe mag«, antwortete Ottilie ruhig, »oder Spinnen in meinem Brot, Schlangen im Schmorfleisch: ich habe keinen Appetit auf solche Dinge.«

Old Bonaparte verstand; mit schwellenden Adern und gelähmter, kraftloser Zunge erhob sie sich zitternd und fiel dann über den Tisch. Vor Einbruch der Nacht war sie tot.

Royal ließ Klageleute kommen. Sie kamen aus dem Dorf und von den benachbarten Bergen, und sie belagerten das Haus, indem sie heulten wie Hunde um Mitternacht. Alte Frauen schlugen mit den Köpfen gegen die Wände, stöhnende Männer warfen sich zu Boden: es war die Kunst des Schmerzes, und diejenigen, die den Kummer am besten spielten, wurden sehr bewundert. Nach dem Begräbnis gingen alle fort und waren befriedigt, weil sie gute Arbeit geleistet hatten.

Jetzt gehörte das Haus Ottilie. Ohne das Herumschnüffeln und den Schmutz von Old Bonaparte, den sie hatte wegräumen müssen, hatte sie mehr freie Zeit, aber sie wußte nichts damit anzufangen. Sie rekelte sich auf dem großen Messingbett, sie trödelte vor dem Spiegel herum. Die Eintönigkeit brummte in ihrem Kopf, und um ihr Fliegengebrumm zu vertreiben, sang sie die Lieder, die sie aus dem Musikautomaten im Champs-Élysées gelernt hatte. Wenn sie in der Dämmerung auf Royal wartete, erinnerte sie sich daran, daß zu dieser Stunde ihre Freundinnen in Port-au-Prince auf der Veranda plauderten und warteten, daß ein Wagen umkehrte; aber wenn sie sah, wie Royal gemächlich den Pfad heraufkam und sein Zuckerrohrmesser wie ein Halbmond an seiner Seite baumelte, vergaß sie solche Gedanken und lief ihm mit frohem Herzen entgegen.

Eines Nachts, als sie schon halb eingeschlafen waren, fühlte Ottilie plötzlich, daß noch jemand im Zimmer war. Dann sah sie am Fußende des Bettes ein Auge leuchten, das sie beobachtete, so wie sie es schon früher gesehen hatte. Jetzt wußte sie, was sie schon seit einiger Zeit vermutete: daß Old Bonaparte tot, aber nicht fort war. Als sie einmal allein im Haus gewesen war, hatte sie ein Lachen gehört; und ein anderes Mal hatte sie draußen im Hof gesehen, wie die Ziege jemanden anstarrte, der gar nicht da war, und wie sie mit den Ohren zuckte, so wie sie es immer getan hatte, wenn sie die alte Frau am Kopf kraulte.

»Hör auf, mit dem Bett zu schaukeln«, sagte Royal, und Ottilie zeigte mit einem Finger auf das Auge und fragte ihn flüsternd, ob er es nicht sehen könne. Als er antwortete, daß sie träume, faßte sie nach dem Auge und schrie auf, als sie ins Leere griff. Royal zündete eine Lampe an; er hielt Ottilie fest auf seinem Schoß und streichelte ihr Haar, während sie ihm von den Entdeckungen in ihrem Nähkörbchen erzählte und was sie damit getan hatte. War es böse, was sie getan hatte? Royal wußte es nicht, er konnte es nicht entscheiden, aber er meinte, sie müsse bestraft werden; und warum? Weil es die alte Frau so wolle, weil sie sonst Ottilie niemals in Ruhe lassen würde: das sei so mit Gespenstern.

Und so holte Royal am nächsten Morgen ein Seil und schlug vor, Ottilie an einen Baum im Hof zu binden. Da sollte sie bis zur Dunkelheit ohne Essen und Trinken bleiben, und jeder, der vorüberging, würde sehen, daß sie in Schande sei.

Aber Ottilie kroch unter das Bett und weigerte sich hervorzukommen. »Ich laufe davon«, jammerte sie. »Royal, wenn du versuchst, mich an diesen alten Baum anzubinden, laufe ich dir davon.«

»Dann müßte ich gehen und dich holen«, sagte Royal, »und das wäre nur um so schlimmer für dich.«

Er packte sie am Fußgelenk und zog sie kreischend unter dem Bett hervor. Den ganzen Weg in den Hof hinaus hielt sie sich an Gegenständen fest, an der Tür, einer Rebe, am Bart der Ziege, aber keines dieser Dinge wollte sie festhalten, und Royal wurde nicht daran gehindert, sie an den Baum zu binden. Er machte drei Knoten in das Seil und ging fort zur Arbeit, indem er an seiner Hand sog, in die sie ihn gebissen hatte. Sie schrie ihm alle Schimpfnamen nach, die sie jemals gehört hatte, bis er hinter dem Berg verschwand. Die Ziege, Juno und die Hühner versammelten sich, um sie in ihrer Demütigung anzustarren; Ottilie ließ sich zu Boden fallen und streckte ihnen die Zunge heraus.

Ottilie schlief beinahe und hielt es daher für einen Traum, als in Begleitung eines Kindes aus dem Dorf Baby und Rosita, die unsicher auf hohen Absätzen wackelten und phantasievolle Schirme trugen, den Weg heraufwankten und ihren Namen riefen. Da sie Menschen in einem Traum waren, würden sie wahrscheinlich nicht erstaunt sein, sie an einen Baum gebunden zu finden.

»Mein Gott, bist du verrückt?« kreischte Baby und hielt sich in einiger Entfernung, als fürchtete sie, daß dies tatsächlich der Fall sein müsse. »Sag etwas, Ottilie!«

Blinzelnd und kichernd sagte Ottilie: »Ich freue mich so, euch wiederzusehen, Rosita, bitte binde mich los, damit ich euch beide umarmen kann.«

»Das also macht dieses Scheusal mit dir«, sagte Rosita und riß an dem Seil. »Na warte, wenn ich den sehe! Dich zu schlagen und dich wie einen Hund im Hof anzubinden!«

»O nein«, sagte Ottilie, »Royal schlägt mich nie. Ich werde bloß heute bestraft.«

»Du hast nicht auf uns hören wollen«, sagte Baby. »Und jetzt siehst du, was du davon hast. Dieser Mann hat sich für eine ganze Menge zu rechtfertigen«, fügte sie hinzu und schwang ihren Schirm.

Ottilie umarmte und küßte ihre Freundinnen. »Ist es nicht ein hübsches Haus?« sagte sie und führte sie darauf zu. »Es ist, als hätte man einen Wagen voll Blumen gepflückt und ein Haus darauf gebaut, finde ich. Kommt aus der Sonne, gehen wir hinein. Drinnen ist es kühl, und es riecht so gut.«

Rosita rümpfte die Nase, als ob das, was sie roch, gar nicht gut wäre, und erklärte mit ihrer brunnentiefen Stimme, daß es gewiß besser sei, wenn sie aus der Sonne gingen, da sie anscheinend Ottilies Kopf verwirrte.

»Es ist ein Glück, daß wir gekommen sind«, sagte Baby und suchte in einer riesigen Handtasche herum. »Und das hast du Mr. Jamison zu verdanken. Madame hat gesagt, du bist tot, und als du unseren Brief nicht beantwortet hast, haben wir gedacht, daß dem wohl so ist, aber Mr. Jamison, der reizendste Mann, den du je finden wirst, hat einen Wagen für mich und Rosita, deine liebsten, besten Freundinnen gemietet, damit wir herfahren, um herauszufinden, was mit unserer Ottilie geschehen ist. Ottilie, ich habe hier in meiner Handtasche eine Flasche Rum. Hol uns ein Glas, dann wollen wir eine Runde trinken.«

Die eleganten, ausländischen Manieren und der auffallende Putz der Stadtdamen hatten ihren Führer, einen kleinen Jungen, dessen neugierige schwarze Augen im Fenster schwebten, berauscht. Auch Ottilie war beeindruckt, schon lange hatte sie keine bemalten Lippen mehr gesehen oder Parfum gerochen, und während Baby den Rum einschenkte, holte sie ihre Satinschuhe und ihre Perlenohrringe hervor. »Himmel«, sagte Rosita, nachdem sich Ottilie fertig hergerichtet hatte, »es gibt keinen einzigen Mann, der dir nicht ein ganzes Fäßchen Bier kaufen würde; wenn man sich das vorstellt, so ein wunderbares Wesen wie du leidet fern von denen, die dich lieben.«

»Ich habe nicht so sehr gelitten«, sagte Ottilie. »Nur manchmal.« – »Sei jetzt still«, sagte Baby, »du brauchst noch nicht darüber zu sprechen. Es ist jetzt ohnehin alles vorbei. Hier, Liebling, laß mich dein Glas noch mal füllen. Ein Hoch auf die alten Zeiten und auf die zukünftigen! Heute abend wird Mr. Jamison für alle Champagner kaufen: Madame gibt ihn ihm zum halben Preis.«

»Oh«, sagte Ottilie und beneidete ihre Freundinnen. Sie wollte wissen, was man von ihr sprach. Erinnerte man sich an sie?

»Ottilie, du hast keine Ahnung«, sagte Baby, »Männer, die wir noch nie gesehen haben, sind gekommen und haben gefragt, wo Ottilie ist, weil sie weit weg in Havanna und Miami von dir gehört haben. Und was Mr. Jamison betrifft, so schaut er uns andere Mädchen nicht einmal an, er kommt nur und sitzt auf der Veranda und trinkt so für sich allein.«

»Ja«, sagte Ottilie wehmütig, »er war immer reizend zu mir, Mr. Jamison.«

Schließlich neigte sich die Sonne, und die Flasche Rum war dreiviertel leer. Ein kurzer Regenschauer hatte einen Augenblick lang die Berge getränkt, die jetzt durch die Fenster wie Libellenflügel schimmerten, und eine Brise, die mit dem Duft von Blumen nach dem Regen beladen war, streifte durch das Zimmer und raschelte mit den grünen und rosa Papieren an den Wänden. Es waren viele Geschichten erzählt worden, einige davon waren lustig, andere traurig; es war wie das Plaudern an den Abenden im Champs-Élysées, und Ottilie war glücklich, wieder dazuzugehören. »Aber es wird schon spät«, sagte Baby, »und wir haben versprochen, vor Mitternacht zurück zu sein. Ottilie, können wir dir packen helfen?«

Obwohl es Ottilie nicht bewußt geworden war, daß ihre Freundinnen erwarteten, sie werde mit ihnen kommen, bewirkte doch der Rum, der sich in ihr regte, daß es ihr natürlich erschien, und mit einem Lächeln dachte sie: Ich habe ihm gesagt, daß ich davonlaufe. »Nur«, sagte sie laut, »hätte ich nicht einmal eine Woche, um mich zu amüsieren. Royal wird sofort hinunterkommen und mich holen.«

Beide Freundinnen lachten darüber. »Du bist so dumm«, sagte Baby. »Ich möchte diesen Royal sehen, wenn einige von unseren Männern mit ihm fertig sind.«

»Ich möchte es keinem raten, Royal etwas zu tun«, sagte Ottilie. »Außerdem würde er nur noch zorniger sein, wenn wir zurückkommen.«

Baby sagte: »Aber Ottilie, du würdest doch nicht mehr mit ihm hierher zurückkommen.«

Ottilie kicherte und schaute sich im Zimmer um, als sähe sie etwas, was für die anderen unsichtbar war. »Aber natürlich würde ich zurückkommen«, sagte sie.

Baby rollte mit den Augen und zog einen Fächer hervor, den sie ruckweise vor ihrem Gesicht hin und her bewegte. »Das ist das Verrückteste, was ich je gehört habe«, sagte sie mit harten Lippen. »Ist das nicht das Verrückteste, was du je gehört hast, Rosita?« – »Das ist nur, weil Ottilie so viel durchgemacht hat«, sagte Rosita. »Komm, Liebling, leg dich aufs Bett, während wir deine Sachen packen.«

Ottilie schaute zu, wie sie anfingen, ihre Sachen auf einen Haufen zusammenzulegen. Sie schoben ihre Kämme und Haarnadeln zusammen und rollten ihre Seidenstrümpfe auf. Sie zog ihre hübschen Kleider aus, als wollte sie etwas noch Hübscheres anziehen, aber statt dessen schlüpfte sie wieder in ihr altes Kleid; und dann legte sie ruhig, als wollte sie ihren Freundinnen helfen, alles wieder an seinen Platz zurück. Baby stampfte mit dem Fuß auf, als sie sah, was los war.

»Hör zu«, sagte Ottilie. »Wenn du und Rosita meine Freundinnen seid, dann tut bitte das, was ich euch sage. Bindet mich im Hof wieder an, wie ihr mich gefunden habt. So wird mich niemals eine Biene stechen.«

»Sternhagelvoll besoffen«, sagte Baby; aber Rosita sagte, sie solle den Mund halten. »Ich glaube«, sagte Rosita seufzend, »ich glaube, Ottilie liebt ihn.« Wenn sie Royal zurückhaben wollte, würde Ottilie mit ihm gehen, und da dies eben so war, könnten sie ebensogut nach Hause gehen und sagen, daß Madame recht habe und Ottilie tot sei. »Ja«, sagte Ottilie. Die Dramatik dieser Darstellung gefiel ihr. »Sagt, daß ich tot bin.«

Und so gingen sie in den Hof hinaus; dort sagte Baby mit wogender Brust und Augen, die so rund waren wie der Mond, der am Tag über den Himmel eilte, daß sie nichts damit zu tun haben wolle, Ottilie an den Baum zu binden, so daß Rosita es allein tun mußte. Beim Abschied weinte Ottilie am meisten, obwohl sie froh war, daß sie gingen, da sie wußte, daß sie nicht mehr an sie denken würde, sobald sie fort waren. Während sie auf ihren hohen Absätzen die Mulden im Weg hinunterschwankten, wandten sie sich um, um zu winken, aber Ottilie konnte nicht zurückwinken, und so vergaß sie sie, fast noch ehe sie ihrem Blick entschwunden waren.

Während sie Eukalyptusblätter kaute, um ihren Atem zu reinigen, fühlte sie, wie die Kühle der Abenddämmerung die Luft durchdrang. Der Mond wurde gelb, und Vögel, die im Baum ihre Nester hatten, segelten in seine Dunkelheit. Plötzlich, als sie Royal auf dem Weg hörte, warf sie die Beine auseinander, ließ den Kopf zurückfallen und die Augen weit in ihre Höhlen hinabrollen. Aus einiger Entfernung würde es aussehen, als hätte sie ein gewaltsames, klägliches Ende gefunden. Und während sie hörte, wie sich Royals Schritte zum Laufen beschleunigten, dachte sie glücklich: Das wird ihm einen schönen Schrecken einjagen.

SIGRID KOWALEWSKI

Das Land ohne Frühling

Es gibt Länder auf der Welt, die ganz und gar ohne Frühling auskommen, ohne das zarte Erwachen der Natur nach der langen, kalten Eiszeit, ohne den stets wiederkehrenden Neustart mit frischen, grünen Blättern, ohne das Auftauen der Körpersäfte nach langem Winterschlaf. Es gibt Länder, in denen es immer warm ist, aber zwei Extreme herrschen: ausgiebige Regenzeiten, welche die Vegetation üppig sprießen lassen wie in einem gutgehenden Gartencenter, und ausgedehnte Trockenzeiten, in denen die Welt zur Kiesgrube wird und verdorrt. Statt des wie ein Uhrwerk eintretenden Wechsels der Jahreszeiten, statt lenzigen Vorspieles, Hauptakt im Sommer, herbsthaften Nachspieles und der Zigarettenpause danach, finden wir dort nur die allzeit bereite, gnadenlose Wollust der ungezügelten Biologie.

Es gibt Augenblicke, in denen man sich hoffnungslos fremd vorkommt.

Große, schwere Wolken entleerten ihre Tanks über dem kleinen Gasthaus am Rand des Indischen Ozeans. Auch aus der provisorisch angebrachten Dachrinne stürzte Wasser und wurde, während der Regen rauschte, zum armdicken, reißenden Verbindungsstrahl zwischen Himmel und Erde.

Es war Nacht, Verona war mehrmals wach geworden und hatte im Dunkeln nach der Uhr getastet. Einen Augenblick lang hatte dann ihr Feuerzeug den schmutzigen Schleier des Moskitonetzes erhellt und die wenigen Möbel im kleinen Zimmer schemenhaft aufflackern lassen. Sie sah im pensionierten, vor Hitze blind gewordenen ehemaligen Spiegel, der an der getünchten Wand hing, einen dunkelrot gestrichenen Betonfußboden, einen Stuhl und ein Regal. Als das Feuerzeug erlosch, schaltete das Fenster daneben wieder auf das Bild schwarzer Palmensilhouetten vor blauem Nachthimmel um. Und weil draußen eine Glühbirne brannte, warf das rautenförmige Gitter vor dem Fenster Netzstrumpfmuster auf die gegenüberliegende Wand.

Um zwei Uhr früh war es unter dem Moskitonetz so stickig, daß sie kaum atmen und an Schlaf nur denken konnte. Verona schlüpfte in ihren Batik-Kimono und stand vom Schlafplatz mit seinem zerschlissenen Bettzeug und der steinzeitlichen, durchgelegenen Matratze auf. Draußen, auf der Dachterrasse, fiel sie in einen Liegestuhl, der anscheinend schon seit der Kolonialzeit dort stand und wohl immer schon bedrohlich geknarrt hatte, und schaute sich um.

Bei Tag konnte sie von hier aus die gesamte Bucht von Unawatuna überblicken – das Meer und den Strand, den Palmenhain, der die Lagune vom Rest der Welt abschirmte, und den wirren, von salziger Luft bis auf die Steine abgenagten Hügel, auf dessen Gipfel die weiße Kuppel eines kleinen Tempels stand. Bei Nacht hingegen sah man nur schwarz, fühlte die heiße Luft und hörte das Prasseln der Regentropfen, das Rauschen der Palmwedel und das Tosen eines unsichtbaren Meeres.

Auf dem dunklen Ozean blinkte eine Reihe von Lichtern; es waren Tanker und Frachtschiffe, die da draußen auf dem Weg nach Galle waren, dem nahe gelegenen Hafen an der Südküste. Und weil es nicht die Südküste von Ibiza, sondern die von Ceylon war, gab es dort auch keine eleganten Jachten mit dazugehörigen Millionären, keine Boutiquen mit imitierten adidas-Taschen und auch keine coolen Cafés, in denen die Pizza auf die Tastatur des Internets krümelte, sondern statt dessen Strandrestaurants, die man aus einheimischen Brettern zusammengenagelt hatte und in denen handgepreßte Fruchtsäfte neben an Stöcken gebratenen Fischen, eine von zwei Biersorten, einzelne, zerknickte Zigaretten und alles, was die Touristen vielleicht sonst noch brauchten, verkauft wurde. Hier gab es auch keinen Ferienclub, in dem Jacky, der Animateur, mit Wolfgang, dem Single, an der Bar Freundschaft schloß und auf weibliche Urlaubsbekanntschaften wartete. Nein, wenn sich eine weiße Frau hier aufhielt, war sie mit anderen Wassern gewaschen als die verweichlichten Pauschalreisenden. Hier kam man doch, in einem kleinen Hotel ohne Seife, Luxus und Brimborium, dem Land und seinen ausländischen Einheimischen so viel näher.

Ein bißchen sehr nahe, dachte Verona und gab einem Moskito, der sich an ihrem Oberschenkel festsaugen wollte, einen tödlichen Klaps. Drei Nächte ohne jeden Schlaf, und ringsum ist wieder mal keiner da, der mich dafür bewundert oder bemitleidet. Seltsam, wenn ich die Augen schließe, sehe ich grüne Almwiesen und weiße Apfelblüten – den Frühling in Italien. Oder ich wandere in meinem warmen Pullover durch weiße Sanddünen – das ist Sylt.

Sobald sie die Augen wieder öffnete, war jedoch wieder die tropische Nacht da und ließ sich nicht wie ein nervendes Fernsehprogramm wegzappen. Na ja, immerhin gab es hier keine Werbung, dafür allerdings auch kein Nachtleben, in dem sie sich hätte ertränken können. Keine Beach-Parties wie im Bacardi-Werbefilm, in dem hübsche Männer Palmwedel zu Buden flochten, um darunter für Models im Bikini schon mal die Drinks kalt zu stellen. Statt dessen würden hier, in der einsamen Bucht, nachts die Bürgersteige hochgeklappt, wenn es denn welche gegeben hätte. Da könnte man glatt –

Verona bremste den Gedanken abrupt ab. Wie ein Blitz über den Himmel zuckte ein Gefühl durch ihr Bewußtsein, und es war nicht besonders angenehm. Das Gefühl, nicht mehr allein zu sein.

Am Ende der Terrasse stand reglos eine Gestalt. Vielleicht schon seit Stunden? Großer Gott, dachte sie, laß es bloß nicht den auch hier irgendwann zu erwartenden Anstieg der Kriminalitätsrate sein. Beklommen zog sie die Arme an und schloß die Augen.

Aus der Ferne hörte sie jemand rufen, zu ihrem Schreck mit tiefer Stimme, zu ihrer Erleichterung mit freundlichem Unterton, wo sie doch Hände hoch, Kohle raus und Armbanduhr her erwartet hatte.

»Hello, how are you? Good evening, Miss.«

Anscheinend war das einer der Ceylonesen, die auch des Nachts noch auf Geschäfte aus waren und Touristen exklusive Dinge zeigen wollten, die es nur hier unten gab, etwa den Mond, Sterne oder den Ausblick über die Bucht. Hellwach sah sie in die Richtung des Mannes, während dieser langsam näher kam und in den Lichtkegel der funzligen Glühlampe trat: in der Reihenfolge braune Ledersandalen mit 10 rausguckenden Zehen, 1 dunkelroter Batiksarong, 1 weißes geöffnetes Hemd mit braungebrannter Männerbrust, und darüber ein durchaus schön geschnittenes Gesicht, mit dunklen Locken, in dem ein Finger auf den Lippen hing und sagte: Bleib ruhig.

»Ich wollte Sie doch nicht erschrecken, Miss«, sagte er leise, »ich dachte, vielleicht wollen Sie Gesellschaft?«

Der Jogger – Verona war der Fremde schon tagsüber am Strand aufgefallen, als er in seiner europäischen Badehose an ihr vorbeigetrabt war; ein durchtrainierter, exotischer Mann, dem sie noch lange nachgesehen hatte, hier durfte man das ja. Eine Weile lang suchte sie im Kopf nach passenden Worten und fand schließlich welche.

»Äh, also irgendwie nicht … Ich glaube, ich möchte lieber allein sein.«

Anscheinend verstand er dieses Irgendwie und Lieber allein nicht. Bevor sie etwas anderes sagen konnte, hatte er sich auf die Lehne ihres Liegestuhls gehockt und strahlte sie mit seiner Körperwärme so sehr an, als hätte er den ganzen Tag über in der Sonne gelegen. Er kramte in seiner Hemdtasche und zog eine Zigarette heraus; anscheinend wollte er jetzt rücksichtsloserweise auch noch rauchen.

»Bleiben Sie sitzen, Miss«, sagte er, »oder störe ich Sie bei etwas Wichtigem?«

Todmüde schüttelte Verona den Kopf. Im Grunde war doch alles egal; er hatte vor, sich hier häuslich niederzulassen, und sie keine Kraft mehr, etwas daran zu ändern. Im selben Moment hob er seine schlanken Hände, deren Innenseiten und Nägel heller waren als sein Rest, und reichte ihr den Joint. Eine Sekunde lang sah sie in seine schwarzen Augen, die so abgrundtief waren, als wäre darin zwar nicht das ganze Universum, aber immerhin mehr als eine Galaxie enthalten, die von einem auflodernden Streichholz beleuchtet wurde.

Sie sog den Rauch in die Lunge. Irgendwo in Unterbewußtseinshausen, einem abseits liegenden Teil ihres Gehirns, wollte sich ein Rest Widerstand wehren, doch auch dort waren die Kräfte zu schwach und die Wirkung des Marihuanas zu stark, und dazu begann nun eine innere Stimme wie durch ein Megaphon zu tröten: Hallo, vielleicht träum ich doch alles nur … Als der Joint wieder zurückwanderte und die Grenze zwischen Innenwelt und Außenwelt verschwamm, sah sie aufs Meer hinaus.

Da draußen bauten sich die Wogen auf, als wollten sie den ganzen Strand mitsamt dem Guesthouse überspülen, bevor sie aber richtig zuschlagen konnten, wurden sie vom Korallenriff aufgehalten und zu harmlosen Schaumkrönchen im Sand. Ab und zu sprang eine Fledermaus in den nachtblauen Himmel. Eine Eidechse kroch vorsichtig über die Terrasse und verwandelte sich in einen Mauerspalt.

Da drinnen durchfloß sie der Ozean des Denkens und spülte Gedanken ans Ufer, die sie wie Strandgut aufhob und betrachtete. Wie vergänglich alles war, und hier besonders. Erst gestern hatte sie zu einem Spottpreis eine Mango gekauft und einen Tag lang vergessen; das hatte gereicht, um die Frucht zu verderben. In ihren Resten wimmelte es von Insektenlarven, die aus dem Nichts entstanden waren und das Obst in Madenmaterie verwandelt hatten. Sie hatte sich etwas geekelt, aber dann dankbar die Lehre angenommen, daß das Leben hierzulande etwas schneller seine Erscheinungsform änderte, und den Rest weggeworfen. Auch ihr würde dies eines Tages geschehen; wie eine Mango würde sie gefressen werden. Es gehörte eine Menge Mut dazu, dieser Tatsache gelassen entgegenzusehen.

Ein neuer Regenschauer zog einen noch dichteren Vorhang übers Meer. Da soff sich die Natur mit Wasser voll, um wollüstig noch größere Blätter und noch prallere Früchte hervorzubringen. Um sie herum köchelte die Tropennacht, in der es nicht Wirklichkeit werden wollte.

Vielleicht fand das ja auch der Fremde; sie wußte es nicht, konnte es auch nicht wissen, die ganze Zeit über hatten sie nämlich kein Wort geredet, sondern jeder nur kopfüber in seinen Gedanken gehangen. Allerdings nicht nur. Lautlos wie eine Schlange auf Beutezug hatte sich sein Arm um Veronas Schultern gelegt und fünf Finger in ihrem Haar vergraben. Verona hatte auch dies dankbar angenommen. Sie schmiegte sich in seine Arme – wie zaghaft der ist! Es kam ihr vor, als ob er es nicht wagte, sie richtig zu küssen, sondern ihre kühlen, sich öffnenden Lippen nur mit äußerster Vorsicht berühren wollte. Wie nett, eine männliche Jungfrau. Um die Sache voranzutreiben, preßte sie rasch den Mund so fest auf den seinen, daß ihre Zähne aneinanderstießen und er das Nikotin in ihrem Speichel schmeckte.

Sofort ließ er sie los und meinte: »Sorry, Miss. So nicht.«

Entschlossen pflückte er die müde Verona, die halb betäubt in seinen Armen hing, aus dem Liegestuhl und führte sie zum Bett. Es schien ihr nicht nötig oder möglich, etwas daran zu ändern oder in den Lauf der Dinge einzugreifen. In Ländern ohne Frühling nimmt man's, wie's kommt, und in einer außerplanmäßigen Nacht wie dieser war Widerstand ohnehin zwecklos.

Langsam streifte er ihr den Kimono ab und löste mit einem Griff den Knoten an seinem Sarong. Das Kleidungsstück rutschte zu Boden und entblößte einen von oben bis unten schönen, dunkelhäutigen, unbehaarten Männerkörper. Wie weiße und schwarze Schachfiguren fielen sie unter das Moskitonetz und berührten sich zaghaft, als wollten sie sich vergewissern, daß keiner von beiden eine Sinnestäuschung war.

Noch langsamer begann er sie mit Küssen zu bedecken und ihren Körper bis zur Hüfte herab zu streicheln, bis ihr Becken leicht zu kreisen begann. Da intensivierte er seine Berührung und ließ die Finger durch den intimen Haarbusch zwischen ihren Beinen wandern, zerteilte fachmännisch ihre Schamlippen und massierte sanft, als wäre er ein erfahrener Sexualtherapeut, ihre Klitoris. Seine Zunge umkreise währenddessen ihre Lider, und sein Atem behauchte ihre Augen, als wollte er sie mit Leben füllen. Verona erschien es, als ob er dies alles mit großer Konzentration tat.

Wie in Zeitlupe küßte er nun Wangen, Mund, Nacken, Ohren und Schulterblätter. Überall an ihrem Körper entdeckte er Stellen, die besonders empfindsam waren, und Verona erlebte Lustschauer, als wäre sie mit elektrischen Leitungen durchzogen. Ayurveda, Kamasutra, dachte sie. Vielleicht lernen die das hier schon in der Schule. Langsam wanderte sein Mund tiefer zu ihren Brustwarzen; seine Zungenspitze umkreise ihre Brüste und kletterte dann zum Bauch hinab, bis sie in ihrem Schoß ankam. Verona fühlte seinen heißen Atem und wand sich in seinen Armen wie ein Aal, als er ihren Fuß nahm, die Innenseite eines ihrer Beine küßte, mit der Zungenspitze in Richtung Nabel leckte, dann in ihren Schoß tauchte wie in eine reife, weiche Frucht.

Sie war wie Honig in seinen Händen und bereits über den Punkt hinaus, den sie aufgrund ihrer Erfahrungen aus Beziehungen und einem Album voll One-Night-Stands für nicht mehr steigerbar gehalten hatte – dabei war es noch nicht mal zu einer Vereinigung gekommen. Sie würde ihn in ihren Koffer stecken und durch den Zoll mitnehmen müssen; noch nie hatte sich ihr ein Mann so selbstlos gewidmet. Oft hatte sie statt dessen erlebt, wie ein wilder Löwe binnen Sekunden ein toter Hund wurde, oft hatten Männer sie auf halbem Weg zwischen Himmel und Erde allein gelassen – der hier war aber echt Klasse, anscheinend ging es ihm nicht um Erfüllung seiner Begierde, sondern Lust für beide.

»Laß dich fallen«, hörte sie, während sie fest umschlungen wurde. Seine Gestalt hatte nun etwas Magisches bekommen, wirkte unheimlich und anziehend zugleich. Weil seine Haltung, Augen, Atem und Schwanz etwas Übermenschliches hatten, lehnte sich Verona zurück und warf den Kopf in den Nacken. Er richtete sich vor ihr auf und schloß die Augen. In der universellen Sprache der Liebe heißt das was, dachte Verona, spreizte die Beine soweit sie konnte und ließ ihn langsam in ihre feuchte Vagina eindringen. Dabei war der schöne Fremde immer noch völlig konzentriert. Seine Atmung folgt einem Rhythmus, meinte sie, Klasse. Jedes Mal wenn er tief eindringt, atmet er ein, und beim Zurückziehen atmete er aus, dazwischen lagen kleine Stöße. Möchte mal bloß wissen, was er beruflich macht.

Sie genoß seine gleichmäßigen, kräftigen Bewegungen und fühlte, daß sich Ranjith – oder vielleicht sollte ich ihn besser Swami nennen, keine Ahnung – dem Höhepunkt näherte. Kurz vorher hielt er jedoch inne, spannte die Muskeln an und verlangsamte das Tempo. Wahnsinn, so sind also die Inder; Ceylonesen sind ja auch Inder, jedenfalls so eine Art davon – statt zu Ejakulieren und in sich zusammenzusinken, hielt er den Samen zurück, bis Verona zum Höhepunkt kam. Wie nett von ihm.

Aber auch damit war noch nicht alles vorbei. Schon nach kurzer Zeit kündigte sich in ihr eine erneute Welle der Lust an, und dieses Mal war der Orgasmus noch intensiver. Die Zuverlässigkeit ihres Liebhabers ließ sie Stufe um Stufe höher steigen und schließlich, gegen 3 Uhr 50, eine Klimax erleben, die ihr wie die Erfüllung des göttlichen Prinzips erschien. Er verband Geist und Körper zu einer regelrechten Explosion von Energie, Lust und schöpferischer Kraft; was es nicht alles gab.

Verona schloß die Augen. Einige Zeit lang herrschte in ihrem Kopf nun völlige Leere. Die Sehnsucht nach Frühling war vorüber. In diesem Urlaub hatte sie viel mehr erlebt, und all die Sorgen und Probleme der Welt schienen ihr nun eher klein und unbedeutend zu sein. Mit diesem Gefühl schlief sie ein.

In die Stille über den blaugrauen Palmen hinein rollte dann die knallrote Sonne und färbte die Welt; eine Sonne, die keine Blütenschauer, sondern nur volle Intensität kannte und die jeden Morgen brutal wie einen Safe aufbrach, um Leben zu entfesseln.

Während dieselbe Sonne in der Heimat oft tagelang brauchte, um mit ihren Strahlen Menschen hinterm Ofen hervorzulocken und sich sonst wochenlang wie eine launische Diva versteckt hielt.

Als Verona die Augen aufschlug, war es hell. Automatisch startete das Orientierungsprogramm in ihrem Kopf: Guesthouse, Sri Lanka, Tropennacht, das Liebesabenteuer. Aber der Platz neben ihr war leer, niemand sonst war im Zimmer.

Sie zog sich den Kimono an und sah auf der Terrasse nach. Krähen hockten in gleichmäßigem Abstand auf der Stromleitung, wie es die Vögel auch zu Hause taten, und schienen auch nicht zu wissen, wohin der Fremde verschwunden war. Das einzige männliche Wesen weit und breit war ein Fischer, der nur einen Zahn und einen urtümlichen Einbaum hatte, mit dem er in der Bucht seine Arbeit verrichtete. Sie suchte nach Spuren, nach irgend etwas, was einen Beweis für die Existenz der letzten Nacht liefern konnte, aber nichts war zu finden.

Auch nicht am Strand, wo sich der Indische Ozean schäumend mit dem Sand vermischte, oder unter den Palmen. Sie verbrachte den Rest ihres Urlaubs damit, soviel wie möglich von der Insel zu bereisen, und ließ sich durch den chaotischen Verkehr über staubige Straßen fahren, an qualmenden Lastwagen, prähistorischen Ochsenkarren und windschiefen Fahrrädern, an hupenden Dreirädern und gefährlich aussehenden Arbeitselefanten vorbei, reiste in Bussen, an denen Trauben von Menschen wie Bienenschwärme hingen und das Gefährt in Schieflage brachten, durchquerte das bunte Gewimmel.

Nach einiger Zeit wurde ihr alles vertraut. In Tempeln stand sie lange vor den Buddhafiguren, vor deren nach innen gekehrten Blicken gläubige Menschen Lotusblüten ablegten und Gebete sprachen. Jeden Abend hörte sie aus den Lautsprechern, die an den Tempeln angebracht waren,

Rezitationen buddhistischer Texte. Ach, wenn man ihn doch über diese Lautsprecher ausrufen könnte, dachte sie, so wie man in einem Kaufhaus verlorengegangene Menschen ausruft.

Schließlich kam der Tag der Abreise. Verona hockte im Zug nach Colombo, dessen alte Waggons gedong-gedong-dungedong über die Gleise hüpften. Die Fenster waren bis zum Anschlag geöffnet, und draußen flog gemächlich eine Landschaft mit Reisfeldern und Wasserbüffeln vorbei, die jeden mit warmem Wind wie aus einem Fön anblies. Eine junge Frau mit Armeeuniform und Maschinenpistole saß ihr gegenüber; sie sah aus wie die Schwester von Lara Croft, doch wenn sie lächelte, war sie noch hübscher. Vielleicht fuhr sie ja zu ihrer Familie, tauschte dort das Khaki gegen einen traditionellen Sari und ging dann abends auf die Dorfveranda, wo ihr Liebhaber im Sarong … Wer weiß.

Zwei junge Männer mit Bongos traten ins Abteil, ließen sich auf dem Boden des vollbesetzten Zuges nieder und begannen ein ceylonesisches Lied zu singen. Zum Rhythmus der Bongos kam als Percussion das Dungedong der Gleise hinzu, und Verona schien es in diesem Moment die großartigste Musik zu sein, die sie seit langem gehört hatte; als sänge ihr die Insel zum Abschied ein Lied. Als es zu Ende war, verlangsamte sich auch der Rhythmus der Schienen und verstummte schließlich ganz.

Der Zug war in einen Bahnhof eingefahren. Die Musiker verschwanden in der bunten Menschenmenge. Verona blickte ihnen traurig nach und sah sich mit einem Mal an einer Gruppe kahlgeschorener Mönche in safranfarbenen Roben fest. Es waren junge Männer, die eine Zeitlang in buddhistischen Klöstern lebten, studierten und danach ins bürgerliche Leben zurückkehrten oder so lange meditierend sitzen blieben, bis sie wie Buddha Erleuchtung erlangt hätten. Und einer von ihnen war –

Sie schrak zusammen. War er nicht dort, mitten in der Gruppe der Mönche, die in sich gekehrt nur ein paar Meter entfernt auf dem Bahnsteig stand? Das ist doch, das war doch der – aber wie hieß er denn eigentlich?

»Hey!« wollte sie rufen, »you …«

Doch da hatte sich der Zug wieder in Bewegung gesetzt und rollte in die Wirklichkeit zurück. Hektische Eile am Bahnhof von Colombo, eine hupende Taxifahrt zum Flughafen, eine Wartehalle voller Touristen, die von schrecklichen bis wunderbaren Erlebnissen berichteten.

Schon beim Besteigen des Flugzeuges war sie wieder daheim: saubere Sitze, korrekt gekleidete blonde Stewardessen, und Zeitungen, die ein ernstes Wort mit einem zu reden hatten. Wie gesagt, es gibt immer wieder Augenblicke, in denen man sich hoffnungslos fremd vorkommt.

Kochen mit Stella

Auswandern

Nathan blättert weiter durch die Seiten, die lächelnde Tee-
pflückerinnen mit roten Punkten zwischen den Augenbrau-
en und die Fresken der Wolkenmädchen an der Felsenfe-
stung Sigiriya in satinblauer Abenddämmerung zeigen.
Sein Blick schweift zum Höhlentempel von Dambulla,
während die ihm gegenübersitzende junge Dame mit ihrem
Zeigefinger auf ein weiteres Katalogbild deutet. Sie lächelt,
aber das kann Nathan nicht sehen, da er seine Baseballkap-
pe fast bis auf die Augenlider heruntergezogen hat. Da ver-
paßt er was, handelt es sich doch um ein auffallend apartes
und ganz und gar nicht professionell eingesetztes Lächeln,
ein Lächeln, wie es nur jemand lächeln kann, dem jemand
von Anfang an gefallen hat. Nathan hingegen hat sie nur
einmal kurz angesehen, als sie ihn gebeten hat, Platz zu
nehmen. Im Grunde hat er sie bislang keines Blickes gewür-
digt.

»Die Ruinenstadt Polonnaruwa«, sagt sie. »Die zweite
Hauptstadt des einstigen singhalesischen Königreichs. Ein
unvergeßliches Erlebnis. Und natürlich das Beachlife. Ko-
rallengärten, Riesenschildkröten, traumhafte Lagunen – Sie
werden begeistert sein.«

Nathan ist sich da nicht so sicher. Je länger er die palmen-
gesäumten Postkartenstrände betrachtet, desto unangenehmer sticht ihm das gebündelte Gleißen in die Augen, und
immer wieder entdeckt er gutgemeinte Ratschläge in den
Ortsbeschreibungen, die ihm zudringlich in den Ohren klin-
gen. *Halten Sie auf jeden Fall Ihre Kamera bereit! Versäumen Sie
nicht die Bootsfahrt auf dem Giritale-See! Beachten Sie, daß gemäß
der buddhistischen Religion in der ersten Vollmondnacht des Mo-
nats kein Alkohol ausgeschenkt wird!* Während er den Kopf gerade so weit hebt, daß er das Namensschildchen seines Ge-
genübers – Marina heißt sie – im Blick hat, gibt er ein kurzes

Räuspern von sich, das im großen und ganzen bedeuten soll, daß derart generalstabsmäßige Planungen eher nicht so ganz seinen spontanen Neigungen entsprechen.

»Haben Sie vielleicht etwas, äh … Abgeschiedeneres?« sagt Nathan.

Sie sitzen sich jetzt seit etwas mehr als einer Stunde gegenüber. Nachdem sie Nathan darüber aufgeklärt hat, daß die autonome Mönchsrepublik Athos nur einen Höchstaufenthalt von drei Nächten genehmigt und die Eremitage kein klösterliches Stift, sondern ein Museum in St. Petersburg ist, ist sie bereits die halbe individualtouristische Palette mit ihm durchgegangen. Dieser Kunde darf getrost als schwierig bezeichnet werden, aber abgesehen davon, daß Nathan – der zudem attraktiv übernächtigt wirkt – genau ihr Typ ist, handelt es sich bei diesem Umstand um jenen kleinen Unterschied, der Marina an Männern seit jeher am meisten reizt. Sie dreht sich zu den Regalen hinter ihr und schichtet ein paar Prospekte um, bevor sie zwei weitere Hochglanzseiten vor Nathan ausbreitet. »Das könnte das Richtige für Sie sein.«

Nathan erkennt nur Gletscher. »Ja?«

»Kotzebue, Alaska.« Selber schuld, daß Nathan jetzt nicht auf ihre Lippen sieht. »Eine Eskimosiedlung an der Beringsee. Sie erhalten sogar ein Zertifikat, wenn Sie den Polarkreis überfliegen.«

»Totale Ruhe«, murmelt Nathan.

»Und nachts kannst du zuhören, wie die Buckelwale singen«, sagt Marina. »Es muß wunderschön sein.«

Da Nathans Gedanken gerade in eine völlig andere Richtung abschweifen, hat er weder etwas von der vertraulichen Wendung in Marinas Diktion mitbekommen noch von dem träumerischen Tonfall, den ihre Stimme angenommen hat. Ein hektischer Blick auf die Uhr bestätigt ihm, daß er mal wieder zu spät dran ist. »Entschuldigung«, sagt er, während er den Klappstuhl mit den Kniekehlen nach hinten drückt. »Ich muß dringend weg. Danke.«

Und schon ist er an der Tür, ein halbes Dutzend Kataloge in der Hand, während Marina ihm nachdenklich hinterhersieht, mit einem leicht zu deutenden Blick, in den sich aufrichtiges Bedauern mischt, auch wenn Nathan selbst bei einer abrupten Kehrtwendung – könnte ja sein, daß er das Serviceheft über Alaska doch noch mitnehmen will – nichts davon bemerken würde, weil er ohne Unterlaß an eine gewisse Stella denken muß, an die Wettervorhersage und an dampfende Töpfe, in denen leicht bekömmliche Teigwaren rapide dem Al-dente-Zustand entgegensieden. Kein Vergessen noch Vergeben ist mit ihm, kein Mitleid noch Gnade, nur eines will er noch sein, und dabei fällt ihm ein, daß Japan überhaupt nicht zur Auswahl stand.

Scharfrichter des Shogun

»Komm in die Gänge, Junge«, brüllt Jimmy. »Alles muß genauso aussehen wie in Key West.«

»Und wie sieht's da aus?« ruft Nathan von der Leiter herunter.

»So wie hier, wenn wir fertig sind.« Jimmy eilt mit Siebenmeilenstiefeln durch die Bar, nimmt den Tacker vom Boden und hält ihn Nathan hin. »Wie willst du das Teil befestigen? Bist du Houdini, oder was?«

Nathan greift sich den Tacker und nagelt die Girlande über der improvisierten Bühne fest, während Jimmy nervös von einem Bein auf das andere tritt. Verständlich, daß eine leise Unruhe Besitz von ihm ergriffen hat, schließlich soll in drei Stunden alles dekoriert sein, ganz abgesehen davon, daß er noch zwanzig Kilo frische Shrimps vom Großmarkt besorgen muß. »Und hör bloß auf, hier einen auf Regenwetter zu machen. In Key West sind alle gut drauf. Wenn ich auch nur eine Beschwerde höre, bist du ein für allemal weg vom Fenster, verstanden?«

»Jetzt laß ihn endlich mal in Ruhe, Jimmy«, sagt Norma, die gerade den Tresen mit Sand und Plastikmuscheln schmückt. »Wir schuften uns doch sowieso schon halb tot für deine Macho-Show.«

Nathan grinst nur fett, so fett, als hätte ihm jemand Kleiderbügel in die Kiefer montiert, aber wer glaubt, das sei seine Antwort auf Jimmys Forderung nach karibischer Ausgelassenheit, ist schief gewickelt, da Nathan dem Organisator des heutigen Abends gerade mit einem virtuellen, aber um so akribischer geschliffenen Samuraischwert das häßliche Haupt vom Rumpfe trennt. Wenigstens bringt das wieder ein bißchen Sonne in sein verfinstertes Gemüt, doch gelingt es ihm nicht, seinen kontemplierten Triumph in aller Breite auszukosten, da das Schrillen des Telefons ihn unvermittelt vom souveränen Blutvergießer in eine, nun, sagen wir, eher tragische Größe verwandelt. Das hat mit einem unlängst geführten Ferngespräch zu tun. Mit ihrem Anruf gestern abend.

Jimmy zeigt dem Teilnehmer am anderen Ende, warum der mutige Stentor den Trojanischen Krieg beinahe im Alleingang gewonnen hätte. Aber Nathan hört sowieso nur Stellas Stimme.

»Nathan.«

»Hey, Stella. Hi.«

»Ich komme grad vom Schwimmen.« Er stellt sich vor, wie sie barfuß auf den Fliesen steht und ein paar Tropfen von ihren Haarspitzen über die Schultern in die Schlüsselbeinkuhlen perlen. »Das Wasser ist ganz warm, nur ab und zu sind kalte Ströme dazwischen. Und wenn man auf dem Bootssteg sitzt, kommt man gar nicht zum Lesen, weil alles so glitzert. Oh – und heute morgen war ein Gecko unter meinem Bett.«

»Die sind nicht gefährlich«, sagt Nathan.

»Natürlich nicht.« Stella lacht. »Ich hab ihm die Verandatür aufgemacht, und er hat sich noch ein bißchen gesonnt. Schade, daß es die nicht auch bei uns gibt.«

»Hm«, sagt Nathan.

»Und du wirst es nicht glauben«, sagt Stella.

»Was?« sagt Nathan.

»Wer nebenan wohnt.« Sie macht eine kleine Kunstpause. »Vincenzo Ulmer. 'ne Riesenvilla hat er. Wenn er mit seinem Motorboot rausfährt, winkt er mir immer zu.«

Nathan faßt es in der Tat nicht. »Vincenzo Ulmer? Der Wetterfrosch?«

»Er hat mir verraten, daß er eigentlich Vinzenz heißt.

Und das mit dem italienischen Akzent macht er bloß fürs Fernsehen.«

»Falscher Fuffziger«, knurrt Nathan.

»Ach was«, sagt Stella. »Du müßtest ihn mal kennenlernen. Vincenzo ist einfach total nett. Er kann sogar kochen. Er hat mich für morgen abend eingeladen. Linguine alle vongole, oder so ähnlich. Puh, ist das heiß hier. Ich glaube, ich muß gleich mal den Ventilator anmachen.« Sie hält kurz inne. »Liebster?«

Mit einem Mal fühlt Nathan sich merkwürdig indisponiert. »Ja?«

»Weißt du, was ich gerade mache?«

»Nein«, lügt Nathan.

»Jetzt sei nicht so«, sagt Stella. »Du weißt genau, wie gern ich das habe.«

Aber Nathan fühlt sich gerade nicht danach. Ganz im Gegenteil: Er wünscht sich, er hätte niemals den Hörer abgenommen, es einfach weiterklingeln lassen. Er wünscht sich, er müßte gerade nicht an Marilyn Monroe und ihren berühmten Satz über den Rundfunk denken, der ihm nicht mehr aus dem Kopf gehen will: *Ich hab das Radio an.* Er wünscht sich, er wäre nicht geboren. Er wünscht sich …

»Das hab ich gern!« brüllt Jimmy, während Nathan sein Bestes versucht, die Balance auf der Leiter zu halten. »Wie lange muß ich noch warten, bis die Käfige mit den Papageien hängen? Hast du 'ne Ahnung, was Papa mit einer Lusche wie dir veranstaltet hätte?«

Bevor Jimmy ihn endgültig zum Latrinendienst verdonnert, steigt Nathan doch lieber von der Leiter, um sich Bohrmaschine und Dübel zu greifen.

Die Holzpapageien hinter den Drahtstäben starren ihn argwöhnisch an. Völlig anders als Norma, die sich gerade darüber klargeworden ist, daß Nathan eigentlich schon immer ihr Traummann war.

Papas Bester
»Und eben diesem warmen Luftstrom haben wir das mediterrane Klima der kommenden Tage zu verdanken.

Die liebe Sonne ist wieder bereit, unsere Herzen zu erobern. Aber Sie fragen sich sicher schon, welchen Ausblick unsere Isabella für das Wochenende hat. Isabella, bist du da?«

Vincenzo Ulmer ist Meteorologe. Millionen Menschen schalten ein, wenn der applausverwöhnte Charmeur sich der meistgestellten Frage auf dem Planeten widmet. Er ist Anfang dreißig, Akademiker, einfach lässig und mit jenem markanten Kinngrübchen ausgestattet, das Frauen so unwiderstehlich finden. Außerdem firmiert er als Erfinder von Isabella, der sprechenden Markise, die das wetterkundliche Geschehen mit naseweisen Kommentaren würzt: »Feindliches Wolkengeschwader aus Südsüdwest, Signore Vincenzo. Ich glaub, ich roll mich für heute ein.«

Und Stella findet das auch noch witzig; sie könnte sich jedesmal kringeln vor Lachen. Nathan stützt sich auf den Waschbeckenrand und fixiert sein Spiegelbild, das für die kreativen Höchstleistungen des Sonnendachplauderers nur ein abfälliges Kopfschütteln übrig hat, als eine wohlbekannte und ebenfalls kaum heiter zu nennende Miene sein Blickfeld trübt.

»Was machst du so lange hier drin? Drei Margaritas, einen Bermuda-Cocktail mit Angostura und zwei Gimlets an Tisch vierzehn, aber zack, zack!«

Dabei hätte Jimmy allen Grund, vor Enthusiasmus völlig aus dem Häuschen zu sein. Sein Abend zu Ehren von Papa, dem Patron aller Sportangler und harten Hechte, erweist sich als Kassenfüller, der ihn auf Monate hin saniert. Zwar könnte das Ambiente von Sloppy Joe's, jener mythischen Bar im fernen Key West, an deren poliertem Tresen Papa allabendlich seinen Schlummertrunk zu nehmen pflegte, eine Spur naturalistischer nachempfunden sein, doch mit tropischem Temperaturanstieg und expandierendem Alkoholausschank erlangen selbst die bei Jimmys letztem Segeltörn auf dem Stausee geknipsten Fotos pazifische Qualitäten, und daß alles stilecht ist, weiß der findige Gastronom spätestens, seit ein ortsbekannter Tierschützer versucht hat, einen der Papageien aus seinem Gefängnis zu befreien. Die

Stimmung ist bestens. Zeit, zum nächsten Höhepunkt des Abends zu schreiten.

Während Jimmy sich seinen Weg durch die Menge bahnt, um die Teilnehmer am mit freien Margaritas für eine Woche ausgelobten Papa-Lookalike-Wettbewerb auf die Bühne zu bitten, ist Nathan gerade dabei, zwei Cuba Libre zu mixen. Er wischt sich den Schweiß von der Stirn. Ein kurzer Blick auf die Uhr sagt ihm, daß es kurz vor zehn ist. Und dabei fällt ihm ein, daß im Süden immer erst später gegessen wird. Sicher kredenzt er ihr gerade den ersten Aperitivo aus der Karaffe, bevor er sie durch die großzügigen Räumlichkeiten und schließlich auf die Terrasse führt, von der man die Lichterketten am anderen Ende des Lago sehen kann. Mit jeder Sekunde verdüstern sich Nathans Züge ein bißchen mehr. Wahrscheinlich gibt er ihr momentan ein paar Humorproben aus dem anregenden Repertoire der blau gestreiften Isabella (»Also, bei der Windstärke mach ich die Flatter«), und plötzlich muß er daran denken, daß sie ja offenbar auch schon auf du sind, weil *Vincenzo* so unglaublich, ungewöhnlich, unbeschreiblich *nett* ist. Nathan bemerkt erst, daß er bereits die halbe Flasche Rum in das längst übergelaufene Glas gegossen hat, als sich Jimmys Hand zärtlich um seinen Oberarm schließt.

»Alles in Ordnung?« Jimmys wohlwollender Tonfall läßt Friedensfürst und Landesvater zu einer Einheit verschmelzen. »Sag mal, kannst du mir kurz einen Gefallen tun?«

»Was denn?« sagt Nathan.

Jimmy weist vage zur Bühne hinüber. »Wir haben nur drei Freiwillige, die Papa ähnlich sehen. Mit dir wären's immerhin schon vier.«

»Aber ich habe doch nicht mal 'nen Bart«, sagt Nathan. »Vergiß es.«

»Völlig egal.« Jimmys Zuneigung verfliegt von einer Sekunde auf die andere, als er den überfluteten Tresen sieht. »Du kommst jetzt mit, sonst kannst du die Sauerei aus eigener Tasche bezahlen.«

Und so steht Nathan mit einem Mal auf der Bühne, neben drei ziemlich fülligen und mit graumelierten Vollbärten bewehrten Herren, die sich augenscheinlich nur noch mühsam auf den Beinen halten können. Jimmy allerdings denkt gar nicht daran, eine Woche freie Margaritas ohne intellektuelle Gegenleistung zu verschenken. »Den ersten Preis gewinnt«, deklamiert er, »wer als erster die richtige Antwort auf Papas berühmte Frage geben kann.« Und mit diesen Worten hält er dem ersten Probanden das Mikro unter die Nase: »Ist Sterben schwer, Daddy?«

Nummer eins überlegt nicht lange: »Da mußt du mal meine Schwägerin fragen, da vorne steht sie. Edith, kannst du mal …«

Nathan möchte eigentlich nur noch im Boden versinken. Bald gibt es Pasta, und Vincenzo hat zwischendurch schon mal die Kerzen angezündet. Man muß den genauen Zeitpunkt abpassen, nur dann sind die Linguine auch wirklich al dente. Eine Kunst, *ragazza*. Und nach dem Essen habe ich noch eine kleine Überraschung für dich.

Nummer zwei zieht ebenfalls eine Niete: »*Daddy?* Zur Hölle, nenn mich nicht noch mal Daddy!«

Puh, ist das heiß hier, sagt Stella. Kein Problem, sagt Vincenzo. Wir sind doch unter uns. Leg einfach ab, hier ist weit und breit niemand, den das stört. Er taucht die Gabel in das siedende Wasser und läßt die gefischte Nudel genießerisch zwischen den Lippen verschwinden. Noch eine Minute, dann können wir auftragen.

Nummer drei fällt mit einem dumpfen Aufprall von der Bühne.

Warum hat Nathan nicht einfach angerufen? Schließlich ist Vincenzos Nummer am Lago ohne weiteres über die Auslandsauskunft zu erfragen. *Ah, ist der Topf heiß! Kannst du vielleicht eben mal rangehen, ragazza?*

Nathan: Sag mal, was hast du eigentlich heute abend an?
Stella: Ich? Ich hab den Ventilator an.

Nathan ist am Ende, und auch Jimmys nachdrücklicher Stoß in die Rippen löst ihn nur unmaßgeblich aus seiner Starre. Vor seinem inneren Auge sieht er lauter Eidechsen, die vorsichtig unter einem frisch bezogenen Doppelbett hervorlugen. Außerdem hat er noch nie etwas von Papa gelesen.

»Und zum vierten«, intoniert Jimmy. »Ist Sterben schwer, Daddy?«

Und Nathan hat sein junges Leben so genossen. »Na ja«, stammelt er, während ihm die Zunge fast am Gaumen kleben bleibt. »Das kommt drauf an.«

Es dauert ein paar Sekunden, bis um so heftigerer Beifall aufbrandet und Jimmy seiner bewährten Aushilfe mit nicht ganz unberechtigtem Stolz auf die hängenden Schultern schlägt. Eine Woche freie Margaritas, und obwohl Nathan die dringend brauchen kann, bringt er nicht mal den Anflug eines Lächelns zustande. Noch drei Stunden, dann kann Norma ihn nach Hause bringen. Und das will sie schon den ganzen Abend tun.

Notturno

Norma ist eine Süße. Das hätte Nathan schon früher feststellen können; die geschmeidigen Bewegungen, mit denen sie die Popcornmaschine bedient hat, sind eine Klasse für sich, und wenn sie sich beim Limettenschneiden auf die Unterlippe beißt, kann man die kleine Lücke zwischen ihren Zähnen erkennen. Man muß nur genauer hinsehen, denkt Nathan, der jetzt liebend gern einen Arm um sie legen würde. Er braucht etwas, an dem er sich festhalten kann.

Und Norma weiß genau, was passieren wird, während sie neben Nathan durch die stillen Straßen geht und nichts zu hören ist außer dem leisen Geräusch ihrer Schritte. Den Rest muß man spüren, das Schwingen ungesagter Worte, geahnter Ideen und unbestimmter Möglichkeiten, so wie Nathans Seitenblick, von dem er meint, Norma hätte ihn nicht bemerkt. Die letzten Meter schlendern sie, bevor sie vor Nathans Haustür stehen.

Ja, kein Zweifel. Jetzt wird es gleich passieren.

»Danke, daß du noch ein Stück mitgegangen bist.« Nathan räuspert sich. »Gute Nacht.«

»Gute Nacht, Nathan.«

Das klingt so, wie es gemeint ist, und dabei legt sie den Kopf leicht schief, kommt ihm ein winziges Stück entgegen, keine Aufforderung, vielleicht eine Andeutung, und dann ist Nathans Wange an ihrer, während ihre kühle Handfläche in die seine gleitet. Er verschränkt seine Finger mit ihren und schließt die Augen, als wäre das alles nur ein Traum, ihr Mund schmeckt nach Limejuice, er spürt ihren Atem, ihre Zunge, die nicht zögert, nur sachte tastet, nichts tut, was er nicht will. Sie küssen sich lange, so, wie man sich nur dieses eine Mal küssen kann.

Dann sehen sie sich eine Ewigkeit mit ernsten Augen an, bevor Nathan fragt, ob sie noch mit hochkommen will.

Norma könnte jetzt stundenlang so weitermachen, aber sie schüttelt nur den Kopf.

»Ein andermal«, sagt sie. Sie hält Nathan einen Stapel Reisekataloge hin. »Hier – die hast du bei Jimmy vergessen.«

Nathan sieht ihr hinterher, bis sie um die Straßenecke verschwunden ist. Und jetzt schüttelt auch er den Kopf, während er langsam die Stufen nach oben nimmt, so langsam, daß das Flurlicht schon lange erloschen ist, als er vor seiner Tür ankommt. Ausgerechnet Norma. Wenn er ihr sonst bei der Arbeit zusieht, käme er nie auf die Idee, daß sie Funken regnen lassen kann.

Es ist kurz nach zwei. An Schlaf ist nicht zu denken, und so blättert Nathan noch in den Prospekten, die ihm Marina heute mittag mit auf den Weg gegeben hat. Seltsam, daß ihn die Mongolei jetzt nicht mehr so recht locken will. Feuerland war auf jeden Fall in der engeren Wahl, und auf den Äußeren Hebriden liegt erst recht der Hund begraben. Er ist gerade bei den Färöer-Inseln angekommen, als ihn das Läuten des Telefons aus seinen solitären Betrachtungen reißt.

Heb schon ab, Nathan. Du weißt, wer dran ist.

Aber Nathan tut so, als hätte er nichts gehört. Regenzeug und feste Schuhe, so liest er, sollten auf jeden Fall ins Reisegepäck gehören, da das ständig wechselnde Wetter für die Inselwelt im Nordatlantik charakteristisch ist. Bei einer Durchschnittstemperatur von elf Grad Celsius kommt man nicht ohne Wollpullover aus. Das sind wichtige Informationen, aber das Telefon will einfach nicht verstummen. Keine Chance. Und so tut Nathan das, was er schon vor einer Minute hätte tun sollen.

»Hab ich dich geweckt?« sagt Stella.

»Nicht so schlimm«, sagt Nathan.

»Ich wollte, du wärst hier«, sagt Stella. Sie lacht leise. »Im Dunkeln kann dich hier keiner auf der Veranda sehen. Außer den Zikaden natürlich.«

»Hm«, sagt Nathan. Ein bestimmter Name brennt ihm auf der Zunge, aber er bringt es nicht über sich, nach ihm zu fragen.

»Ich hab mir den Sonnenuntergang angesehen«, sagt Stella. »Schade, daß man sich in der Stadt nie die Zeit dazu nimmt.«

»Ich dachte, du …«

»Ach«, sagt Stella, »das haben wir auf übermorgen verschoben. Vincenzos Kleine hat Fieber bekommen.«

»Welche Kleine?«

»Seine Tochter. Vincenzo hofft bloß, daß sich die Drillinge nicht auch noch angesteckt haben. Aber das glaube ich nicht. Liebster?«

»Ja?«

»Weißt du, was ich gerade mache?«

Leugnen ist zwecklos. Nathan weiß genau, was Stella gerade macht. Das, was sie fast immer tun, wenn sie miteinander telefonieren. Nicht ausgeschlossen, daß manche das für unhygienisch halten, so wie Stella jetzt ihre Zungenspitze gegen die Sprechmuschel drückt, dabei die Augen schließt und die nackten Füße gegen die Armlehnen des ihr gegenüber stehenden Korbsessels stemmt, während Nathan plötzlich dämmert, daß es nicht dieser eine Name ist, der ihm so schwer auf der Zunge liegt, sondern jener zarte Hauch von Zitrone, der einfach nicht verschwinden will, als hätte er erst kürzlich an einer Eiskugel geleckt. Doch dann, als seine Augen diesen einen, unlängst von Marina mit Kugelschreiber umkringelten Satz erfassen, daß sich unweit von Fuglafjördur diese Quelle befindet, deren Wasser der

Legende nach Liebende ein Leben lang zusammenbleiben läßt, legt er die Zunge ebenfalls an den Hörer, was gut so ist, weil er sonst vielleicht Dinge aussprechen würde, die nichts mit ihm und Stella zu tun haben. Und dabei spielt es nicht die geringste Rolle, daß ihm die Faröer gerade im Eiltempo von den Knien rutschen.

Jonas

Der kleine, magere Mann, der die Bestellungen aufnahm und die gefüllten Gläser an die Tische brachte, war schon leicht angetrunken.

»Elende Biester«, sagte er zu Lydia, als er ihr den Wein hinstellte, »ich knall sie alle ab.«

»Wen?«

»Die Ratten. Unter den Dielen sind Ratten. Hören Sie nichts?«

Sie neigte den Kopf und lauschte. Die Leute an den Tischen um sie herum unterhielten sich, Kinder spielten Fangen auf dem Grasfleck hinter der Bar, die im Freien aufgebaut und nur mit einem Holzdach gegen Sonne und Regen geschützt war – aus einem der Gärten tönte laute Radiomusik. Sie schüttelte lächelnd den Kopf.

»Ehrlich«, sagte sie, »ich höre nichts, jedenfalls nichts von Ratten. Sind Sie sich ganz sicher?«

»Aber klar doch.« Er suchte in seinen Taschen herum. Im Grunde kam es ihm nur darauf an, seinen Revolver zu zeigen, und als er ihn endlich gefunden, vor Lydia auf den Tisch gelegt, und ihr erstauntes ... oh, Sie haben wirklich einen ... gehört hatte, war er zufrieden und steckte ihn wieder weg.

»Ich glaube, er mag mich«, flüsterte Lydia Jonas zu, als der Kleine sich wieder seinen anderen Gästen zugewandt hatte, »er füllt mein Glas jedesmal bis zum Rand, daß es fast überschwappt.«

»Bei der Sorte, die er ausschenkt, kann er sich das leisten«, meinte Jonas ziemlich laut und lehnte sich im Stuhl zurück, damit sein Bauch nicht zu sehr gegen die Tischkante drückte, »je schneller der zu Ende ist, desto besser für seine Kunden.«

»Pscht ...« Lydia kicherte. »So schlecht schmeckt er gar nicht, wenn er nur nicht so warm wäre.« Sie hatte das halbe Glas auf einmal ausgetrunken und schüttelte sich.